博雅对外汉语精品教材
短期强化口语教材系列

第四版

汉语会话
301句 上册
中国語会話301文
（上册）

日文注释本

康玉华　来思平　编著
张美霞　翻译
[日] 田村晴美　冯富荣　审译

北京大学出版社
PEKING UNIVERSITY PRESS

图书在版编目(CIP)数据

汉语会话301句：日文注释本. 上册 / 康玉华，来思平编著；张美霞翻译. —4版. —北京：北京大学出版社，2015.11

（博雅对外汉语精品教材）

ISBN 978-7-301-26488-1

Ⅰ.①汉… Ⅱ.①康…②来…③张… Ⅲ.①汉语–口语–对外汉语教学–教材 Ⅳ.①H195.4

中国版本图书馆CIP数据核字(2015) 第263071号

书　　　名	汉语会话301句（第四版）（日文注释本）・上册 Hanyu Huihua 301 Ju (Di-si Ban) (Riwen Zhushi Ben)・Shang Ce
著作责任者	康玉华　来思平　编著　张美霞　翻译
责任编辑	周　鹏
标准书号	ISBN 978-7-301-26488-1
出版发行	北京大学出版社
地　　　址	北京市海淀区成府路205号　100871
网　　　址	http://www.pup.cn　　新浪微博：@北京大学出版社
电子信箱	zpup@pup.cn
电　　　话	邮购部 62752015　发行部 62750672　编辑部 62752028
印　刷　者	三河市北燕印装有限公司
经　销　者	新华书店
	787 毫米 × 1092 毫米　16开本　13.25 印张　208 千字 2000 年 9 月第 1 版 2015 年 11 月第 4 版　2025 年 7 月第 8 次印刷
定　　　价	46.00 元（附赠录音光盘1张）

未经许可，不得以任何方式复制或抄袭本书之部分或全部内容。
版权所有，侵权必究
举报电话：010-62752024　电子信箱：fd@pup.pku.edu.cn
图书如有印装质量问题，请与出版部联系，电话：010-62756370

第四版出版说明

《汉语会话301句》堪称当今全球最畅销的对外汉语经典教材。本教材由北京语言学院康玉华、来思平两位教师编写,北京语言学院出版社1990年出版,1998年修订再版,2005年出版第三版,译有近十种外语注释的版本,25年来总销量超过百万册。本版为第四版,经过编者和北京大学出版社汉语及语言学编辑部精心修订,由北京大学出版社出版。

第四版修订的主要是两方面的内容。第一,在不改动原有语言点顺序的前提下,改编内容过时的课文,更换能反映当下社会生活的内容,如增加"高铁""快递""微信"等词语;第二,教学内容的编排精益求精,生词的设置和翻译更加精细,语言点注释更加完善。经过这次修订,《汉语会话301句》这套经典教材又焕发出了新的活力。

好教材是反复修订出来的。在当今对外汉语教材空前繁荣的局面下,经典教材的修订反而愈加凸显其标杆意义。自1990年初版以来,《汉语会话301句》通过不断的自我更新,见证了对外汉语教学事业从兴旺走向辉煌的历程,并且成为潮头的夺目浪花。作为出版人,我有幸主持了本教材全部的三次修订。此次修订融进了最新教学研究理念和教材编写思想,改动最大,质量最高。我们相信,我们为对外汉语教师提供的是最好教的教材,也是外国学生最好用的教材。

北京大学出版社

汉语及语言学编辑部

王飙

2015年4月

　　《汉语会话301句》是为初学汉语的外国人编写的速成教材。

　　全书共40课，另有复习课8课。40课内容包括"问候""相识"等交际功能项目近30个、生词800个左右以及汉语基本语法。每课分句子、会话、替换与扩展、生词、语法、练习等六部分。

　　本书注重培养初学者运用汉语进行交际的能力，采用交际功能与语法结构相结合的方法编写。全书将现代汉语中最常用、最基本的部分通过生活中常见的语境展现出来，使学习者能较快地掌握基本会话301句，并在此基础上通过替换与扩展练习，达到能与中国人进行简单交际的目的，为进一步学习打下良好的基础。

　　考虑到成年人学习的特点，对基础阶段的语法部分，本书用通俗易懂的语言，加上浅显明了的例句作简明扼要的解释，使学习者能用语法规律来指导自己的语言实践，从而起到举一反三的作用。

　　本书练习项目多样，练习量也较大。复习课注意进一步训练学生会话与成段表达，对所学的语法进行归纳总结。各课的练习和复习课可根据实际情况全部或部分使用。

编者

1989年3月

まえがき

　『中国語会話301句』は中国語の初心者のために編纂された教科書である。

　この教科書は40の課と8つの復習課で構成されている。40の課には『あいさつ』、『知り合う』など、コミュニケーションに必要な30近くの話題と約800の単語及び基礎的な中国語の文法が含まれている。更に各課は「基本文」、「会話」、「置き換えと広げる」、「新出単語」、「文法」、「練習」の6つの部分からなっている。

　本書は初心者が日常会話と文法を結び付けて学習することで、大いに中国語の力を身につけられるよう力を注いだ。学習者は日常よく用いられる会話文を通して基本的な中国語文法を習得することが可能である。

　また301の基本文を習得しに上で本書の「置き換えと広げる」を利用すれば、中国人と簡単な会話を交わすことができる。のみならずこれはまた今後の中国語学習に大いに役立つものとなるであろう。

　本書は外国人が中国語の文法を学習する点にも十分配慮してある。基本的な文法については簡潔な言葉で要点をおさえ説明した上に、分かり易い例文を付け加えてある。学習者は文法事項を理解しつつ、多くの会話の訓練を行うこともできる。

　本書の「練習」は種類が豊富で、その量も少なくない。「復習課」は学習者が更に会話力、作文力を身に付けられるように重点を置き、既習の文法事項をまとめてある。各課の「練習」と「復習課」は実際の要求に応じて、選択して、使用することもできる。

編者
1989年3月

简称表　略語表

1	名	名词	míngcí	名詞
2	代	代词	dàicí	代名詞
3	动	动词	dòngcí	動詞
4	能愿	能愿动词	néngyuàn dòngcí	能願動詞
5	形	形容词	xíngróngcí	形容詞
6	数	数词	shùcí	数詞
7	量	量词	liàngcí	助数詞
8	数量	数量词	shùliàngcí	数量詞
9	副	副词	fùcí	副詞
10	介	介词	jiècí	前置詞
11	连	连词	liáncí	接続詞
12	助	助词	zhùcí	助詞
		动态助词	dòngtài zhùcí	動態助詞
		结构助词	jiégòu zhùcí	構造助詞
		语气助词	yǔqì zhùcí	語気助詞
13	叹	叹词	tàncí	感嘆詞
14	拟声	拟声词	nǐshēngcí	擬声語
15	头	词头	cítóu	接頭語
16	尾	词尾	cíwěi	接尾語

目次 目录

01 你好　こんにちは　　　　　　　　　　　　　　　　　　　　　1

语音 発音	1. 声母、韵母（1）　子音・母音(1)
	2. 拼音（1）　表音文字(1)
	3. 声调　声調
	4. 轻声　軽声
	5. 变调　変調
	6. 拼写说明（1）　表記説明(1)

wènhòu
问候（1）
挨拶

02 你身体好吗　お変わりありませんか　　　　　　　　　　　9

语音 発音	1. 声母、韵母（2）　子音・母音(2)
	2. 拼音（2）　表音文字(2)
	3. 拼写说明（2）　表記説明(2)

wènhòu
问候（2）
挨拶

03 你工作忙吗　仕事は忙しいですか　　　　　　　　　　　17

语音 発音	1. 声母、韵母（3）　子音・母音(3)
	2. 拼音（3）　表音文字(3)
	3. 拼写说明（3）　表記説明(3)
	4. "不""一"的变调　「不」と「一」の変調
	5. 儿化　巻舌音化
	6. 隔音符号　音分離記号

wènhòu
问候（3）
挨拶

04 您贵姓　お名前は何とおっしゃいますか　　　　　　　　26

语法 文法	1. 用"吗"的问句　「吗」を用いる疑問文
	2. 用疑问代词的问句　疑問代名詞を用いる疑問文
	3. 形容词谓语句　形容詞述語文

xiāngshí
相识（1）
知り合う

1

05	我介绍一下儿 ちょっとご紹介します		34
语法 文法	1. 动词谓语句　動詞述語文	xiāngshí 相识（2） 知り合う	
	2. 表示领属关系的定语 所属・所有関係を表す連体修飾語		
	3. "是"字句（1）　「是」文(1)		
复习（一）　復習（一）			43

06	你的生日是几月几号　あなたの誕生日は何月何日ですか		47
语法 文法	1. 名词谓语句　名詞述語文	xúnwèn 询问（1） 尋ねる	
	2. 年、月、日、星期的表示法 年・月・日・曜日の表し方		
	3. "……，好吗？"　「……，どうですか。」		

07	你家有几口人　あなたは何人家族ですか		56
语法 文法	1. "有"字句　「有」文	xúnwèn 询问（2） 尋ねる	
	2. 介词结构　前置詞構造		

08	现在几点　今何時ですか		64
语法 文法	1. 钟点的读法　時間の読み方	xúnwèn 询问（3） 尋ねる	
	2. 时间词　時間詞		

09	你住在哪儿　あなたはどこに住んでいますか		72
语法 文法	1. 连动句　連動文	xúnwèn 询问（4） 尋ねる	
	2. 状语　連用修飾語		

10	邮局在哪儿　郵便局はどこですか		80
语法 文法	1. 方位词　方位詞	xúnwèn 询问（5） 尋ねる	
	2. 正反疑问句　反復疑問文		

| 复习（二）　復習（二） | | | 88 |

11	我要买橘子　私はみかんを買いたい		93
语法 文法	1. 语气助词"了"（1）　語気助詞「了」(1)	xūyào 需要（1） 必要	
	2. 动词重叠　重ね型動詞		

12	我想买毛衣　私はセーターを買いたい		101
语法 文法	1. 主谓谓语句　主述述語文	xūyào 需要（2） 必要	
	2. 能愿动词　能願動詞		

13	要换车　乗り換えが必要です		110
语法 文法	1. 双宾句　二重目的語文	xūyào 需要（3） 必要	
	2. 能愿动词"会"　能願動詞「会」		
	3. 数量词作定语　連体修飾語としての数量詞		

14	我要去换钱　私は両替に行きたい		120
语法 文法	1. 兼语句　兼語文	xūyào 需要（4） 必要	
	2. 语气助词"了"（2）　語気助詞「了」(2)		

15	我要照张相　私は写真を撮りたい		128
语法 文法	1. "是"字句（2）　「是」文(2)	xūyào 需要（5） 必要	
	2. 结果补语　結果補語		
	3. 介词"给"　前置詞「给」		

复习（三）　復習（三）			137

16	你看过京剧吗　京劇を観たことがありますか		142
语法 文法	1. 动态助词"过"　動態助詞「过」	xiāngyuē 相约（1） 約束	
	2. 无主句　無主語文		
	3. "还没（有）……呢"　「まだ……していません。」		

17 去动物园　動物園に行きます　150

语法 文法
1. 选择疑问句　選択疑問文
2. 表示动作方式的连动句　動作の手段を表す連動文
3. 趋向补语（1）　方向補語(1)

xiāngyuē
相约（2）
約束

18 路上辛苦了　道中お疲れさまでした　158

语法 文法
1. "要……了"　文型「要……了」
2. "是……的"　文型「是……的」

yíngjiē
迎接（1）
迎える

19 欢迎你　歓迎いたします　166

语法 文法
1. "从""在"的宾语与"这儿""那儿"
　「从」、「在」の目的語と「这儿」、「那儿」
2. 动量补语　動量補語
3. 动词、动词短语、主谓短语等作定语
　連体修飾語としての動詞・動詞構造・主述構造

yíngjiē
迎接（2）
迎える

20 为我们的友谊干杯　私たちの友情のために乾杯　175

语法 文法
1. 状态补语　状態補語
2. 状态补语与宾语　状態補語と目的語

zhāodài
招待
招待する

复习（四）　復習（四）　184

词汇表　単語表　191

wènhòu
问候（1）
挨拶

01 你好

こんにちは

一 句子 基本文

001 你好！① こんにちは。
Nǐ hǎo!

002 你好吗？② お元気ですか。
Nǐ hǎo ma?

003 （我）很好。 元気です。
(Wǒ) Hěn hǎo.

004 我也很好。 私も元気です。
Wǒ yě hěn hǎo.

二 会话 会話

1

大卫： 玛丽，你好！
Dàwèi: Mǎlì, nǐ hǎo!

玛丽： 你好，大卫！
Mǎlì: Nǐ hǎo, Dàwèi!

2

王兰： 你好吗？
Wáng Lán: Nǐ hǎo ma?

刘京： 我很好。你好吗？
Liú Jīng: Wǒ hěn hǎo. Nǐ hǎo ma?

王兰： 我也很好。
Wáng Lán: Wǒ yě hěn hǎo.

注释　注釈

❶ 你好！ こんにちは。
　日常问候语。任何时间、任何场合以及任何身份的人都可以使用。对方的回答也应是"你好"。
　日常の挨拶言葉。いかなる時間、いかなる場合、いかなる身分の人でも使うことができる。相手も「你好」で返事すべきである。

❷ 你好吗？ お元気ですか。
　常用问候语。回答一般是"我很好"等套语。一般用于已经相识的人之间。
　常用の挨拶言葉。返事は「我很好」などの決まり文句である。普通は知り合いの間で使う。

替换与扩展　置き換えと広げる

替换　置き換え

（1）你好！　　>><<　　你们

（2）你好吗？　>><<　　你们　她　他　他们

01 你好 こんにちは

扩展　広げる

（1）A：你们好吗?
　　　Nǐmen hǎo ma?

　　B：我们都很好。
　　　Wǒmen dōu hěn hǎo.

　　A：你好吗?
　　　Nǐ hǎo ma?

　　B：我也很好。
　　　Wǒ yě hěn hǎo.

（2）A：你来吗?
　　　Nǐ lái ma?

　　B：我来。
　　　Wǒ lái.

　　A：爸爸、妈妈来吗?
　　　Bàba、māma lái ma?

　　B：他们都来。
　　　Tāmen dōu lái.

四　生词　新出単語

1	你好	nǐ hǎo		こんにちは
2	你	nǐ	代	あなた
3	好	hǎo	形	よい
4	吗	ma	助	質問・疑問を表す
5	我	wǒ	代	わたし，ぼく
6	很	hěn	副	とても
7	也	yě	副	……もまた，同様に
8	你们	nǐmen	代	あなたたち
9	她	tā	代	彼女
10	他	tā	代	彼
11	他们	tāmen	代	彼ら
12	我们	wǒmen	代	私たち，ぼくたち

13	都	dōu	副	みんな，全部
14	来	lái	动	来る
15	爸爸	bàba	名	お父さん，ちち
16	妈妈	māma	名	お母さん，はは

📍 专名　固有名詞

1	大卫	Dàwèi	デビッド（人名）
2	玛丽	Mǎlì	マリー（人名）
3	王兰	Wáng Lán	人名
4	刘京	Liú Jīng	人名

五　语音　発音

1. 声母、韵母（1）　子音・母音(1)

声母 子音	b　p　m　f d　t　n　l g　k　h

韵母 母音	a　o　e　i　u　ü ai　ei　ao　ou en　ie　uo an　ang　ing　iou (iu)

2. 拼音（1） 表音文字(1)

	a	o	e	ai	ei	ao	ou	an	en	ang
b	ba	bo		bai	bei	bao		ban	ben	bang
p	pa	po		pai	pei	pao	pou	pan	pen	pang
m	ma	mo	me	mai	mei	mao	mou	man	men	mang
f	fa	fo			fei		fou	fan	fen	fang
d	da		de	dai	dei	dao	dou	dan	den	dang
t	ta		te	tai	tei	tao	tou	tan		tang
n	na		ne	nai	nei	nao	nou	nan	nen	nang
l	la		le	lai	lei	lao	lou	lan		lang
g	ga		ge	gai	gei	gao	gou	gan	gen	gang
k	ka		ke	kai	kei	kao	kou	kan	ken	kang
h	ha		he	hai	hei	hao	hou	han	hen	hang

3. 声调　声調

汉语是有声调的语言。汉语语音有四个基本声调，分别用声调符号" ‐ "（第一声）、" ´ "（第二声）、" ˇ "（第三声）、" ` "（第四声）表示。

中国語は声調を持つ言語である。中国語の発音の声調には4種の基本パターンがある。4種の声調はそれぞれ「‐（第1声）、´（第2声）、ˇ（第3声）、`（第4声）」で表す。

声调有区别意义的作用。例如，mā（妈）、má（麻）、mǎ（马）、mà（骂），声调不同，意思也不同。

声調は意味を決定する役割をしている。例えばmā（妈）、má（麻）、mǎ（马）、mà（骂）、と声調によって意味が異なっている。

当一个音节只有一个元音时，声调符号标在元音上（元音 i 上有调号时要去掉 i 上的点儿，例如：nǐ）。一个音节的韵母有两个或两个以上的元音时，声调符号要标在主要元音上。例如：lái。

音節の中に母音が一つしかない場合は、声調の符号は母音字の上につける（母音のiに符号がつく時は、iの上の「・」を消す。例えばnǐ）。母音字が二つ以上である場合は声調の符号は主要な母音字の上につける。例えばlái。

声调示意图　声調説明図

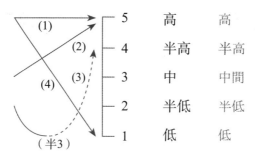

　－第一声　第1声　　ˊ第二声　第2声　　ˇ第三声　第3声　　ˋ第四声　第4声

4. 轻声　軽声

　　普通话里有一些音节读得又轻又短，叫作轻声。书写时轻声不标调号。例如：bàba（爸爸）、tāmen（他们）。

　　標準語の中には四声のほかに軽く短く発音するものがあり、軽声と呼ばれる。書く時には声調の符号はつけない。例えば bàba（爸爸）、tāmen（他们）。

5. 变调　変調

　　（1）两个第三声音节连在一起时，前一个音节变为第二声（调号仍用"ˇ"）。例如，"你好 nǐ hǎo"的实际读音为"ní hǎo"。

　　第3声の音節が二つ続いた場合には、初めの音節が第2声に変わる。（声調の符号は変わらずに「ˇ」をつける。）例えば「你好 nǐ hǎo」は実際には「ní hǎo」と読む。

　　（2）第三声音节在第一、二、四声和大部分轻声音节前边时，要变成"半三声"。半三声就是只读原来第三声的前一半降调。例如：nǐmen（你们）→ nǐmen。

　　第1、2、4声とほとんどの軽声の前の第3声は半3声に変わる。半3声は第3声の発音の前半の下がり調子の音だけを発音する。例えば你们 nǐmen → nǐmen。

6. 拼写说明（1）　表記説明（1）

　　以 i 或 u 开头的韵母，前面没有声母时，必须把 i 改写为 y，把 u 改写为 w。例如：ie → ye, uo → wo。

　　子音がない音節で、母音「i」と「u」で始まる音節を書く時は、i を y に；u を w に変えて書かなければならない。例えば ie → ye、uo → wo。

01 你好　こんにちは

六　练习　練習

1. 完成对话　次の会話文を完成しなさい

（1）A：你好！

　　　B：_____！

　　　A：他好吗？

　　　B：_____。

（2）A、B：你好！

　　　C：_____！

（3）玛丽：你好吗？

　　　王兰：_____。你好吗？

　　　玛丽：_____。刘京好吗？

　　　王兰：_____。我们_____。

2. 情景会话　次の状況に基づいて、会話の練習をしなさい

（1）你和同学见面，互相问候。
　　　クラスメートに会って、お互いにあいさつする。

（2）你去朋友家，见到他/她的爸爸、妈妈，向他们问候。
　　　友達の家を訪問し、お父さんやお母さんに会って、あいさつする。

3. 在课堂上，同学、老师互相问候　教室で先生と学生達がお互いにあいさつする

4. 语音练习　発音練習

(1) 辨音　発音を聞き分ける

bā（八）	pā（啪）	dā（搭）	tā（他）
gòu（够）	kòu（扣）	bái（白）	pái（排）
dào（到）	tào（套）	gǎi（改）	kǎi（凯）

(2) 轻声　軽声

tóufa　（头发）	nàme　（那么）
hēi de　（黑的）	gēge　（哥哥）
lái ba　（来吧）	mèimei　（妹妹）

(3) 变调　変調

bǔkǎo　（补考）	hěn hǎo　（很好）
dǎ dǎo　（打倒）	fěnbǐ　（粉笔）
měihǎo　（美好）	wǔdǎo　（舞蹈）
nǐ lái　（你来）	hěn lèi　（很累）
měilì　（美丽）	hǎiwèi　（海味）
hěn hēi　（很黑）	nǎ ge　（哪个）

02 你身体好吗
お変わりありませんか

wènhòu 问候（2） 挨拶

一 句子 基本文

005 你早！① おはよう。
Nǐ zǎo!

006 你身体好吗？ お変わりありませんか。
Nǐ shēntǐ hǎo ma?

007 谢谢！ ありがとう。
Xièxie!

008 再见！ さようなら。
Zàijiàn!

二 会话 会話

1

李老师：你早！
Lǐ lǎoshī: Nǐ zǎo!

王老师： 你早！
Wáng lǎoshī: Nǐ zǎo!

李老师： 你身体好吗？
Lǐ lǎoshī: Nǐ shēntǐ hǎo ma?

王老师： 很好。谢谢！
Wáng lǎoshī: Hěn hǎo. Xièxie!

2

张老师： 你们好吗？
Zhāng lǎoshī: Nǐmen hǎo ma?

王兰： 我们都很好。
Wáng Lán: Wǒmen dōu hěn hǎo.

您② 身体好吗？
Nín shēntǐ hǎo ma?

张老师： 也很好。再见！
Zhāng lǎoshī: Yě hěn hǎo. Zàijiàn!

刘京： 再见！
Liú Jīng: Zàijiàn!

注释 注釈

❶ 你早！ おはよう。
问候语，只在早上见面时说。
挨拶言葉。朝会った時しか使わない。

❷ 您 「你」の敬称
第二人称代词"你"的尊称。通常用于老年人或长辈。为了表示礼貌，对同辈人，特别是初次见面时，也可用"您"。
第二人称「你」の敬称。通常、年を取っている人や目上の人に対して使う。礼儀正しい丁寧な表現として、同世代の人にも特に初対面の人に対しても「您」を用いることができる。

02 你身体好吗 お変わりありませんか

三 替换与扩展　置き換えと広げる

替换　置き換え

（1）你早！　▶◀　您　你们　张老师　李老师

（2）你身体好吗？　▶◀　他　你们　他们　王老师　张老师

扩展　広げる

（1）五号　　　　八号　　　　九号
　　wǔ hào　　　bā hào　　　jiǔ hào

　　十四号　　　二十七号　　　三十一号
　　shísì hào　　èrshíqī hào　　sānshíyī hào

（2）A：今天六号。李老师来吗？
　　　Jīntiān liù hào. Lǐ lǎoshī lái ma?

　　B：她来。
　　　Tā lái.

四 生词　新出単語

1	早	zǎo	形	早い
2	身体	shēntǐ	名	からだ
3	谢谢	xièxie	动	ありがとう

4	再见	zàijiàn	动	さようなら
5	老师	lǎoshī	名	教師，先生
6	您	nín	代	「你」の敬称
7	一	yī	数	いち
8	二	èr	数	に
9	三	sān	数	さん
10	四	sì	数	し，よん
11	五	wǔ	数	ご
12	六	liù	数	ろく
13	七	qī	数	しち，なな
14	八	bā	数	はち
15	九	jiǔ	数	きゅう
16	十	shí	数	じゅう，とお
17	号（日）	hào (rì)	量	日
18	今天	jīntiān	名	きょう

专名 固有名詞

1	李	Lǐ	姓
2	王	Wáng	姓
3	张	Zhāng	姓

02 你身体好吗　お変わりありませんか

五　语音　発音

1. 声母、韵母（2）　子音・母音(2)

声母 子音	j　　q　　x　　　z　　c　　s zh　ch　sh　r

韵母 母音	an　　en　　ang　　eng　　ong ia　　iao　　ie　　iou (iu) ian　in　　iang　ing　iong -i　　er

2. 拼音（2）　表音文字(2)

	i	ia	iao	ie	iou (iu)	ian	in	iang	ing	iong
j	ji	jia	jiao	jie	jiu	jian	jin	jiang	jing	jiong
q	qi	qia	qiao	qie	qiu	qian	qin	qiang	qing	qiong
x	xi	xia	xiao	xie	xiu	xian	xin	xiang	xing	xiong

	a	e	-i	ai	ei	ao	ou	an	en	ang	eng	ong
z	za	ze	zi	zai	zei	zao	zou	zan	zen	zang	zeng	zong
c	ca	ce	ci	cai		cao	cou	can	cen	cang	ceng	cong
s	sa	se	si	sai		sao	sou	san	sen	sang	seng	song
zh	zha	zhe	zhi	zhai	zhei	zhao	zhou	zhan	zhen	zhang	zheng	zhong
ch	cha	che	chi	chai		chao	chou	chan	chen	chang	cheng	chong
sh	sha	she	shi	shai	shei	shao	shou	shan	shen	shang	sheng	
r		re	ri			rao	rou	ran	ren	rang	reng	rong

3. 拼写说明（2） 表記説明(2)

（1）韵母 i 或 u 自成音节时，前边分别加 y 或 w。例如：i → yi, u → wu。

母音 i は単独で成り立っている音節を書く時には、i の前に y を加える。例えば i→yi。母音 u は単独で成り立っている音節を書く時には、u の前に w を加える。例えば u→wu。

（2）-i 代表 z、c、s 后的舌尖前元音 [ɿ]，也代表 zh、ch、sh、r 后的舌尖后元音 [ʅ]。在读 zi、ci、si 或 zhi、chi、shi、ri 时，不要把 -i 读成 [i]。

-i は z・c・s の後につく時には舌先前母音 [ɿ] を発音する。zh・ch・sh・r の後につく時には舌先後母音 [ʅ] を発音する。zi・ci・si と zhi・chi・shi・ri を読む時に -i の発を [i] に間違えないように注意しなさい。

（3）iou 在跟声母相拼时，中间的元音 o 省略，写成 iu。调号标在后一元音上。例如：jiǔ（九）。

iou は子音と結びつく時に真ん中の母音 o が省略され、iu と表記される。声調の符号は後の母音字の上につく。例えば jiǔ（九）。

六　练习　練習

1. 完成对话 次の会話文を完成しなさい

（1）A、B：老师，_____！

老师：_____！

（2）大卫：刘京，你身体_____？

刘京：_____，谢谢！

大卫：王兰也好吗？

刘京：_____。我们_____。

（3）王兰：妈妈，您身体好吗？

妈妈：_____。

王兰：爸爸_____？

妈妈：他也很好。

2. 熟读下列短语　次の連語を繰り返して読みなさい

也来 都来 再来	很好 也很好 都很好	谢谢你 谢谢您 谢谢你们 谢谢老师	老师再见 王兰再见 爸爸、妈妈再见

3. 情景会话　次の状況に基づいて、会話の練習をしなさい

（1）两人互相问候并问候对方的爸爸、妈妈。
　　二人でお互いにあいさつし、相手の両親によろしくと伝えるように頼む。

（2）同学们和老师见面，互相问候（同学和同学，同学和老师；一个人和几个人，几个人和另外几个人）。
　　学生達が先生に会ってお互いにあいさつする。（学生と学生、学生と先生、一人と何人かのクラスメート、何人かのクラスメートと他の何人かのクラスメートがお互いにあいさつする。）

4. 语音练习　発音練習

（1）辨音　発音を聞き分ける

shāngliang	（商量）	xiǎngliàng	（响亮）
jīxīn	（鸡心）	zhīxīn	（知心）
zájì	（杂技）	zázhì	（杂志）
dà xǐ	（大喜）	dàshǐ	（大使）
bù jí	（不急）	bù zhí	（不直）
xīshēng	（牺牲）	shīshēng	（师生）

(2) 辨调　声調を聞き分ける

bā kē	（八棵）	——	bà kè	（罢课）
bùgào	（布告）	——	bù gāo	（不高）
qiān xiàn	（牵线）	——	qiánxiàn	（前线）
xiǎojiě	（小姐）	——	xiǎo jiē	（小街）
jiàoshì	（教室）	——	jiàoshī	（教师）

(3) 读下列词语　次の単語を読みなさい

zǒu lù	（走路）	chūfā	（出发）
shōurù	（收入）	liànxí	（练习）
yǎn xì	（演戏）	sùshè	（宿舍）

03 你工作忙吗
仕事は忙しいですか

一 句子 基本文

009 你工作忙吗？ 仕事は忙しいですか。
Nǐ gōngzuò máng ma?

010 很忙，你呢？① 忙しいです。あなたは？
Hěn máng, nǐ ne?

011 我不太忙。 あまり忙しくありません。
Wǒ bú tài máng.

012 你爸爸、妈妈身体好吗？
Nǐ bàba、 māma shēntǐ hǎo ma?
お父さんもお母さんもお元気ですか。

二 会话 会話

1

李老师：你好！
Lǐ lǎoshī: Nǐ hǎo!

张老师：你好！
Zhāng lǎoshī: Nǐ hǎo!

李老师：你工作忙吗？
Lǐ lǎoshī: Nǐ gōngzuò máng ma?

张老师：很忙，你呢？
Zhāng lǎoshī: Hěn máng, nǐ ne?

李老师：我不太忙。
Lǐ lǎoshī: Wǒ bú tài máng.

2

大卫：老师，您早！
Dàwèi: Lǎoshī, nín zǎo!

玛丽：老师好！
Mǎlì: Lǎoshī hǎo!

张老师：你们好！
Zhāng lǎoshī: Nǐmen hǎo!

大卫：老师忙吗？
Dàwèi: Lǎoshī máng ma?

张老师：很忙，你们呢？
Zhāng lǎoshī: Hěn máng, nǐmen ne?

大卫：我不忙。
Dàwèi: Wǒ bù máng.

玛丽：我也不忙。
Mǎlì: Wǒ yě bù máng.

3

王兰：刘京，你好！
Wáng Lán: Liú Jīng, nǐ hǎo!

刘京：你好！
Liú Jīng: Nǐ hǎo!

03 你工作忙吗　仕事は忙しいですか

王兰：你爸爸、妈妈身体好吗？
Wáng Lán: Nǐ bàba、 māma shēntǐ hǎo ma?

刘京：他们都很好。谢谢！
Liú Jīng: Tāmen dōu hěn hǎo. Xièxie!

注释　注釈

❶ 你呢？　あなたは？
　　承接上面的话题提出问题。例如："我很忙，你呢？"意思是："你忙吗？" "我身体很好，你呢？"意思是："你身体好吗？"
　　相手の質問を受けた後、質問を返す。例えば「我很忙，你呢？」は「你忙吗？」の意味である。「我身体很好，你呢？」は「你身体好吗？」の意味である。

三　替换与扩展　置き換えと広げる

替换　置き換え

（1）老师忙吗？　　　　　　　　　好　累

（2）A：你爸爸、妈妈身体好吗？　　哥哥、姐姐
　　 B：他们都很好。　　　　　　　弟弟、妹妹

扩展　広げる

（1）一月　　二月　　六月　　十二月
　　 yīyuè　èryuè　liùyuè　shí'èryuè

（2）今天十月三十一号。
　　 Jīntiān shíyuè sānshíyī hào.

> 明天十一月一号。
> Míngtiān shíyīyuè yī hào.
>
> 今年二〇一五年，明年二〇一六年。
> Jīnnián èr líng yī wǔ nián, míngnián èr líng yī liù nián.

四 生词 新出単語

1	工作	gōngzuò	动/名	仕事，働く
2	忙	máng	形	忙しい
3	呢	ne	助	疑問文の文末に用い、答えを催促する気分を表す
4	不	bù	副	いいえ
5	太	tài	副	とても，特別である
6	累	lèi	形	疲れる
7	哥哥	gēge	名	あに
8	姐姐	jiějie	名	あね
9	弟弟	dìdi	名	おとうと
10	妹妹	mèimei	名	いもうと
11	月	yuè	名	月
12	明天	míngtiān	名	あした，あす
13	今年	jīnnián	名	今年
14	〇（零）	líng	数	零，ゼロ
15	年	nián	量	年
16	明年	míngnián	名	来年

03 你工作忙吗　仕事は忙しいですか

五　语音　発音

1. 声母、韵母（3）子音・母音(3)

| 韵母
母音 | ua　uo　uai　uei (ui)　uan　uen (un)　uang　ueng
üe　üan　ün |

2. 拼音（3）表音文字(3)

	u	ua	uo	uai	uei (ui)	uan	uen (un)	uang
d	du		duo		dui	duan	dun	
t	tu		tuo		tui	tuan	tun	
n	nu		nuo			nuan		
l	lu		luo			luan	lun	
z	zu		zuo		zui	zuan	zun	
c	cu		cuo		cui	cuan	cun	
s	su		suo		sui	suan	sun	
zh	zhu	zhua	zhuo	zhuai	zhui	zhuan	zhun	zhuang
ch	chu	chua	chuo	chuai	chui	chuan	chun	chuang
sh	shu	shua	shuo	shuai	shui	shuan	shun	shuang
r	ru	rua	ruo		rui	ruan	run	
g	gu	gua	guo	guai	gui	guan	gun	guang
k	ku	kua	kuo	kuai	kui	kuan	kun	kuang
h	hu	hua	huo	huai	hui	huan	hun	huang

	ü	üe	üan	ün
n	nü	nüe		
l	lü	lüe		
j	ju	jue	juan	jun
q	qu	que	quan	qun
x	xu	xue	xuan	xun

3. 拼写说明（3） 表記説明(3)

（1）ü自成音节或在一个音节开头时写成 yu。例如：Hànyǔ（汉语）、yuànzi（院子）。

üは単独で音節に成り立っている時、あるいは音節の頭に位置している時にはyuと書かれる。例えばHànyǔ（汉语）、yuànzi（院子）。

（2）j、q、x 与 ü 及以 ü 开头的韵母相拼时，ü 上的两点省略。例如：jùzi（句子）、xuéxí（学习）。

j・q・xがüあるいはüで始まる母音と結びつく時にüの上の「¨」が省略される。例えばjùzi（句子）、xuéxí（学习）。

（3）uei、uen 跟声母相拼时，中间的元音省略，写成 ui、un。例如：huí（回）、dūn（吨）。

uei、uenは子音と結びつく時に真ん中の母音が省略され、ui、unと表記される。例えばhuí（回）、dūn（吨）。

4. "不""一"的变调 「不」と「一」の変調

（1）"不"在第四声音节前或由第四声变来的轻声音节前读第二声 bú，例如：bú xiè（不谢）、búshi（不是）；在第一、二、三声音节前仍读第四声 bù，例如：bù xīn（不新）、bù lái（不来）、bù hǎo（不好）。

「不」は第4声の音節の前と第4声から変わってできた軽声の音節の前にある時には第2声として発音される。例えばbú xiè（不谢）、búshi（不是）。「不」は第1、2、3声の音節の前にある時には第4声のままで「bù」と発音される。例えばbù xīn（不新）、bù lái（不来）、bù hǎo（不好）。

（2）"一"在第四声音节前或由第四声变来的轻声音节前读第二声 yí，例如：yí kuài（一块）、yí ge（一个）；在第一、二、三声音节前读第四声 yì，例如：yì tiān（一天）、yì nián（一年）、yìqǐ（一起）。

「一」は第4声の音節の前と第4声から変わってできた軽声の音節の前にある時には第2声として発音される。例えば yí kuài（一块）、yí ge（一个）。「一」は第1、2、3声の音節の前にある時には第4声として発音される。例えば yì tiān（一天）、yì nián（一年）、yìqǐ（一起）。

5. 儿化　卷舌音化

　　er 常常跟其他韵母结合在一起，使该韵母成为儿化韵母。儿化韵母的写法是在原韵母之后加 -r。例如：wánr（玩儿）、huār（花儿）。

　　erは通常ほかの母音と一緒になって、1音節として発音され、卷舌作用を起こす。卷舌音化母音はその母音の後に -r を加え、表記される。例えば wánr（玩儿）、huār（花儿）。

6. 隔音符号　音分離記号

　　a、o、e 开头的音节连接在其他音节后面时，为了使音节界限清楚，不致混淆，要用隔音符号"'"隔开。例如：nǚ'ér（女儿）。

　　a・o・eで始まる音節がほかの音節の後に続いている時、音節の区切りをはっきり示すために音分離記号「'」を用いる。例えば nǚ'ér（女儿）。

六　练习　練習

1. 熟读下列短语并造句　次の連語を繰り返して読み、文を作りなさい

不好
不太好

都不忙
也很忙
都很忙

不累
不太累
都不累

2. 用所给词语完成对话　括弧の中の単語を使って、次の会話文を完成しなさい

（1）A：今天你来吗？

　　　B：＿＿＿＿＿＿＿＿＿＿＿＿＿。（来）

　　　　A：明天呢？

　　　　B：_____。（也）

（2）A：今天你累吗？

　　　　B：我不太累。_____？（呢）

　　　　A：我_____。（也）

　　　　B：明天你_____？（来）

　　　　A：_____。（不）

（3）A：你爸爸忙吗？

　　　　B：_____。（忙）

　　　　A：_____？（呢）

　　　　B：她也很忙。我爸爸、妈妈_____。（都）

3. 按照实际情况回答问题　事実に基づいて次の問題に答えなさい

（1）你身体好吗？

（2）你忙吗？

（3）今天你累吗？

（4）明天你来吗？

（5）你爸爸（妈妈、哥哥、姐姐……）身体好吗？

（6）他们忙吗？

4. 语音练习　発音練習

(1) 辨音　発音を聞き分ける

zhǔxí　（主席）	——	chūxí　（出席）
shàng chē　（上车）	——	shàngcè　（上策）
shēngchǎn　（生产）	——	zēngchǎn　（增产）
huádòng　（滑动）	——	huódòng　（活动）
xīn qiáo　（新桥）	——	xīn qiú　（新球）
tuīxiāo　（推销）	——	tuìxiū　（退休）

(2) 辨调　声調を聞き分ける

càizǐ　（菜籽）	——	cáizǐ　（才子）
tóngzhì　（同志）	——	tǒngzhì　（统治）
héshuǐ　（河水）	——	hē shuǐ　（喝水）
xìqǔ　（戏曲）	——	xīqǔ　（吸取）
huíyì　（回忆）	——	huìyì　（会议）

(3) er 和儿化韵　「er」と巻舌音化

értóng　（儿童）	nǚ'ér　（女儿）
ěrduo　（耳朵）	èrshí　（二十）

yìhuǐr　（一会儿）	yìdiǎnr　（一点儿）
yíxiàr　（一下儿）	yǒudiǎnr　（有点儿）
huār　（花儿）	wánr　（玩儿）
xiǎoháir　（小孩儿）	bīnggùnr　（冰混儿）

04 您贵姓
お名前は何とおっしゃいますか

xiāngshí
相识（１）
知り合う

一 句子　基本文

013 我叫玛丽。　私はマリーです。
Wǒ jiào Mǎlì.

014 认识你，我很高兴。
Rènshi nǐ, wǒ hěn gāoxìng.
お知り合いになれて、とても嬉しいです。

015 您贵姓？① 　お名前は何とおっしゃいますか。
Nín guìxìng?

016 你叫什么名字？② 　お名前は何といいますか。
Nǐ jiào shénme míngzi?

017 她姓什么？③ 　彼女の名前は何といいますか。
Tā xìng shénme?

018 她不是老师，她是学生。
Tā bú shì lǎoshī, tā shì xuésheng.
彼女は先生ではなく、学生です。

二 会话 会话

1

玛丽: 我叫玛丽,你姓什么?
Mǎlì: Wǒ jiào Mǎlì, nǐ xìng shénme?

王兰: 我姓王,我叫王兰。
Wáng Lán: Wǒ xìng Wáng, wǒ jiào Wáng Lán.

玛丽: 认识你,我很高兴。
Mǎlì: Rènshi nǐ, wǒ hěn gāoxìng.

王兰: 认识你,我也很高兴。
Wáng Lán: Rènshi nǐ, wǒ yě hěn gāoxìng.

2

大卫: 老师,您贵姓?
Dàwèi: Lǎoshī, nín guìxìng?

张老师: 我姓张。你叫什么名字?
Zhāng lǎoshī: Wǒ xìng Zhāng. Nǐ jiào shénme míngzi?

大卫: 我叫大卫。她姓什么?
Dàwèi: Wǒ jiào Dàwèi. Tā xìng shénme?

张老师: 她姓王。
Zhāng lǎoshī: Tā xìng Wáng.

大卫: 她是老师吗?
Dàwèi: Tā shì lǎoshī ma?

张老师: 她不是老师,她是学生。
Zhāng lǎoshī: Tā bú shì lǎoshī, tā shì xuésheng.

注释 注釈

❶ **您贵姓?** お名前は何とおっしゃいますか。

"贵姓"是尊敬、客气地询问姓氏的方法。只用于第二人称。回答时要说"我姓……",不能说"我贵姓……"。

名前を聞く時の敬意をこめた言い方、第二人称しか使えない。答える時には「我姓……」と言い、「我贵姓……」とは言えない。

❷ **你叫什么名字?** お名前は何といいますか。

也可以说:"你叫什么?"用于长辈对晚辈,或者年轻人之间互相询问姓名。对长辈表示尊敬、客气时,不能用这种问法。

「你叫什么?」とも言う。目上の人から目下の人に、あるいは若い人の間で名前を聞く時に使う。目上の人あるいは敬意を必要とする人には使えない。

❸ **她姓什么?** 彼女の名前は何といいますか。

询问第三者姓氏时用。不能用"她贵姓"。

第三者の名前を聞く時に使う。「她贵姓」とは言えない。

三 替换与扩展 置き換えと広げる

替换 置き換え

(1) 我认识<u>你</u>。

他	玛丽	那个学生
他们老师		这个人

(2) A:她是<u>老师</u>吗?
B:她不是<u>老师</u>,她是<u>学生</u>。

大夫	留学生
你妹妹	我朋友
你朋友	我哥哥

04 您贵姓　お名前は何とおっしゃいますか

扩展　広げる

A：我不认识那个人，她叫什么？
　　Wǒ bú rènshi nà ge rén, tā jiào shénme?

B：她叫玛丽。
　　Tā jiào Mǎlì.

A：她是美国人吗？
　　Tā shì Měiguó rén ma?

B：是，她是美国人。
　　Shì, tā shì Měiguó rén.

四　生词　新出単語

1	叫	jiào	动	……という
2	认识	rènshi	动	見知る，知り合う
3	高兴	gāoxìng	形	嬉しい
4	贵姓	guìxìng	名	敬意を表す語
5	什么	shénme	代	何，どういう，どんな
6	名字	míngzi	名	名前
7	姓	xìng	动/名	姓，苗字
8	是	shì	动	……だぞ。……である。
9	学生	xuésheng	名	学生
10	那	nà	代	あの，その
11	个	gè	量	ここでは人を数える助数詞

12	这	zhè	代	この
13	人	rén	名	人
14	大夫	dàifu	名	医者
15	留学生	liúxuéshēng	名	留学生
16	朋友	péngyou	名	友達

专名　固有名詞

| 美国 | Měiguó | アメリカ |

五　语法　文法

1. 用"吗"的问句　「吗」を用いる疑問文

在陈述句末尾加上表示疑问语气的助词"吗"，就构成了一般疑问句。例如：
平叙文の文末に疑問を表す語気助詞「吗」をつけて一般疑問文が作られる。例えば、

① 你好吗？　　　　（第1课）　　③ 你身体好吗？（第2课）
③ 你工作忙吗？（第3课）　　④ 她是老师吗？（第4课）

2. 用疑问代词的问句　疑問代名詞を用いる疑問文

用疑问代词（"谁 shéi""什么""哪儿 nǎr"等）的问句，其词序跟陈述句一样。把陈述句中需要提问的部分改成疑问代词，就构成了疑问句。例如：

疑問代名詞（谁shéi、什么、哪儿nǎrなど）を用いる疑問文の語順は平叙文と同じである。平叙文の中の質問に当たる部分を疑問代名詞に変えると疑問文が作られる。例えば、

① 他姓什么？　　　　② 你叫什么名字？
③ 谁（shéi）是大卫？　　④ 玛丽在哪儿（nǎr）？

3. 形容词谓语句　　形容詞述語文

谓语的主要成分是形容词的句子，叫作形容词谓语句。例如：
述語の主な成分が形容詞である文は形容詞述語文と呼ばれる。例えば、

① 他很忙。　　　　　② 他不太高兴。

六　练习　練習

1. 完成对话　次の会話文を完成しなさい

（1）A：大夫，＿＿＿＿＿＿＿＿＿＿＿？

　　　B：我姓张。

　　　A：那个大夫＿＿＿＿＿＿＿＿＿？

　　　B：他姓李。

（2）A：她＿＿＿＿＿＿＿＿＿＿？

　　　B：是，她是我妹妹。

　　　A：她＿＿＿＿＿＿＿＿＿＿？

　　　B：她叫京京。

（3）A：＿＿＿＿＿＿＿＿＿＿＿？

　　　B：是，我是留学生。

　　　A：你忙吗？

B：_____。你呢？

A：_____。

（4）A：今天你高兴吗？

B：_____。你呢？

A：_____。

2. **情景会话**　次の状況に基づいて、会話の練習をしなさい

（1）你和一个中国朋友初次见面，互相问候，问姓名，表现出高兴的心情。
中国人の友達と初めて会って、お互いにあいさつし、相手の名前を聞く。嬉しい気持を表すことも忘れないこと。

（2）你不认识弟弟的朋友，你向弟弟问他的姓名、身体和工作情况。
弟の友達を知らないので、弟にその人の名前、健康、そして仕事のことを聞く。

3. **听后复述**　聞いてから述べる

　　我认识王英，她是学生。认识她我很高兴。她爸爸是大夫，妈妈是老师。他们身体都很好，工作也很忙。她妹妹也是学生，她不太忙。

4. **语音练习**　発音練習

(1) 辨音　発音を聞き分ける		
piāoyáng（飘扬）	——	biǎoyáng（表扬）
dǒng le（懂了）	——	tōng le（通了）
xiāoxi（消息）	——	jiāojí（焦急）
gǔ zhǎng（鼓掌）	——	kù cháng（裤长）
shǎo chī（少吃）	——	xiǎochī（小吃）

(2) **辨调** 声調を聞き分ける

běifāng（北方）	——	běi fáng（北房）
fènliang（分量）	——	fēn liáng（分粮）
mǎi huār（买花儿）	——	mài huār（卖花儿）
dǎ rén（打人）	——	dàrén（大人）
lǎo dòng（老动）	——	láodòng（劳动）
róngyì（容易）	——	róngyī（绒衣）

(3) **读下列词语：第一声+第一声** 次の単語を読みなさい：第1声+第1声

fēijī（飞机）	cānjiā（参加）
fāshēng（发生）	jiāotōng（交通）
qiūtiān（秋天）	chūntiān（春天）
xīngqī（星期）	yīnggāi（应该）
chōu yān（抽烟）	guānxīn（关心）

05 我介绍一下儿
ちょっとご紹介します

相识（2） xiāngshí
知り合う

一 句子 基本文

019 他是谁？ 彼はだれですか。
Tā shì shéi?

020 我介绍一下儿①。 ちょっとご紹介します。
Wǒ jièshào yíxiàr.

021 你去哪儿？ あなたはどこへ行くの。
Nǐ qù nǎr?

022 张老师在家吗？ 張先生はご在宅ですか。
Zhāng lǎoshī zài jiā ma?

023 我是张老师的学生。
Wǒ shì Zhāng lǎoshī de xuésheng.
私は張先生の学生です。

024 请进！ どうぞお入りください。
Qǐng jìn!

二 会话 会話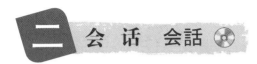

1

玛丽：王兰，他是谁？
Mǎlì: Wáng Lán, tā shì shéi?

王兰：玛丽，我介绍一下儿，这是我哥哥。
Wáng Lán: Mǎlì, wǒ jièshào yíxiàr, zhè shì wǒ gēge.

王林：我叫王林。认识你很高兴。
Wáng Lín: Wǒ jiào Wáng Lín. Rènshi nǐ hěn gāoxìng.

玛丽：认识你，我也很高兴。
Mǎlì: Rènshi nǐ, wǒ yě hěn gāoxìng.

王兰：你去哪儿？
Wáng Lán: Nǐ qù nǎr?

玛丽：我去北京大学。你们去哪儿？
Mǎlì: Wǒ qù Běijīng Dàxué. Nǐmen qù nǎr?

王林：我们去商店。
Wáng Lín: Wǒmen qù shāngdiàn.

玛丽：再见！
Mǎlì: Zàijiàn!

王兰、王林：再见！
Wáng Lán、Wáng Lín: Zàijiàn!

2

和子：张老师在家吗？
Hézǐ: Zhāng lǎoshī zài jiā ma?

小英：在。您是——②
Xiǎoyīng: Zài. Nín shì——

和子：我是张老师的学生，
Hézǐ: Wǒ shì Zhāng lǎoshī de xuésheng,

我姓山下，叫和子。
wǒ xìng Shānxià, jiào Hézǐ.

你是——
Nǐ shì——

小英：我叫小英。张老师是
Xiǎoyīng: Wǒ jiào Xiǎoyīng. Zhāng lǎoshī shì

我爸爸。请进！
wǒ bàba. Qǐng jìn!

和子：谢谢！
Hézǐ: Xièxie!

注释　注釈

❶ **我介绍一下儿。** ちょっとご紹介します。

　　给别人作介绍时的常用语。"一下儿"表示动作经历的时间短或轻松随便。这里是表示后一种意思。

　　他人に紹介する時の常用語。「一下儿」は動作の継続時間の短いことや気軽さを表す。ここでは後者の意味である。

❷ **您是——** どなた様でしょうか？

　　意思是："您是谁？"被问者应接下去答出自己的姓名或身份。这种句子是在对方跟自己说话，而自己又不认识对方时发出的询问。注意："你是谁"这种问法不太客气，所以对不认识的人，当面一般不问"你是谁"，而是问"您是——"。

　　「您是谁？」という意味である。質問された人は名前や身分を答えなければならない。相手から話しかけられて、しかも相手を知らない時に質問として使う。「你是谁」の問い方はあまり丁寧ではないので、知らない人に対しては「你是谁」のかわりに、「您是——」を用いる。

三 替换与扩展　置き換えと広げる

替换　置き換え

(1) 我<u>介绍</u>一下儿。　>><<　你来　我看　你听　我休息

(2) A：你去哪儿？
　　B：我去<u>北京大学</u>。　>><<　商店　宿舍　教室　酒吧　超市

(3) <u>张老师</u>在家吗？　>><<　你爸爸　你妈妈　你妹妹

扩展　広げる

(1) A：你去商店吗？
　　　Nǐ qù shāngdiàn ma?

　　B：我不去商店，我回家。
　　　Wǒ bú qù shāngdiàn, wǒ huí jiā.

(2) A：大卫在宿舍吗？
　　　Dàwèi zài sùshè ma?

　　B：不在，他在３０２教室。
　　　Bú zài, tā zài sān líng èr jiàoshì.

四 生词　新出単語

| 1 | 谁 | shéi/shuí | 代 | だれ，どなた |
| 2 | 介绍 | jièshào | 动 | 紹介する |

3	一下儿	yíxiàr	数量	しばらく，ちょっと
4	去	qù	动	行く
5	哪儿	nǎr	代	どこ，どちら
6	在	zài	动/介	いる
7	家	jiā	名	家
8	的	de	助	の
9	请	qǐng	动	どうぞ
10	进	jìn	动	入る
11	大学	dàxué	名	大学
12	商店	shāngdiàn	名	店
13	看	kàn	动	見る
14	听	tīng	动	聴く，聞く
15	休息	xiūxi	动	休憩する，休む
16	宿舍	sùshè	名	宿舎
17	教室	jiàoshì	名	教室
18	酒吧	jiǔbā	名	バー
19	超市	chāoshì	名	スーパー
20	回	huí	动	帰る，もどる

📍 专名　固有名詞

1	王林	Wáng Lín	人名
2	北京大学	Běijīng Dàxué	北京大学
3	山下和子	Shānxià Hézǐ	人名
4	小英	Xiǎoyīng	インちゃん

05 我介绍一下儿　ちょっとご紹介します

五　语法　文法

1. 动词谓语句　動詞述語文

　　谓语的主要成分是动词的句子，叫作动词谓语句。动词如带有宾语，宾语一般在动词的后边。例如：
述語の主な成分が動詞である文は動詞述語文と呼ばれる。動詞の目的語は普通動詞の後につく。例えば、

> ① 他来。　　　　　　　② 张老师在家。
> ③ 我去北京大学。

2. 表示领属关系的定语　所属・所有関係を表す連体修飾語

　　（1）代词、名词作定语表示领属关系时，后面要加结构助词"的"。例如：他的书、张老师的学生、王兰的哥哥。
　代名詞、名詞が連体修飾語として所属、所有関係を表す時にはその後に構造助詞「的」を入れる。例えば「他的书」、「张老师的学生」、「王兰的哥哥」などである。

　　（2）人称代词作定语，而中心语是亲属称谓，或表示集体、单位等的名词时，定语后可以不用"的"。例如：我哥哥、他姐姐、我们学校。
　人称代名詞が連体修飾語として親族名称、団体、機関などを表す中心語にかかる時には「的」を省略できる。例えば「我哥哥」、「他姐姐」、「我们学校」などである。

3. "是"字句（1）　「是」文(1)

　　动词"是"和其他词或短语一起构成谓语的句子，叫作"是"字句。"是"字句的否定形式，是在"是"前加否定副词"不"。例如：
　動詞「是」がほかの単語・短文と一緒に述語になっている文は「是」文と呼ばれる。「是」文の否定形は「是」の前に否定を表す副詞「不」を入れて作られる。例えば、

> ① 他是大夫。　　　　　② 大卫是她哥哥。
> ③ 我不是学生，是老师。

六 练 习 練習

1. 熟读下列短语并造句　次の連語を繰り返して読み、文を作りなさい

| 叫什么 | 认识谁 | 在哪儿 |
| 去商店 | 妈妈的朋友 | 王兰的哥哥 |

2. 用所给词语完成对话　括弧の中の単語を使って、次の会話文を完成しなさい

（1）A：王兰在哪儿？

　　B：＿＿＿＿＿＿＿＿＿＿＿＿＿＿＿。（教室）

　　A：＿＿＿＿＿＿＿＿＿＿＿＿＿＿＿？（去教室）

　　B：不。我＿＿＿＿＿＿＿＿＿＿＿＿。（回宿舍）

（2）A：你认识王林的妹妹吗？

　　B：＿＿＿＿＿＿＿＿＿＿＿＿＿。你呢？

　　A：我认识。

　　B：＿＿＿＿＿＿＿＿＿＿＿＿＿？（名字）

　　A：她叫王兰。

（3）A：＿＿＿＿＿＿＿＿＿＿＿＿＿？（商店）

　　B：去。

　　A：这个商店好吗？

　　B：＿＿＿＿＿＿＿＿＿＿＿。（好）

05 我介绍一下儿　ちょっとご紹介します

3. 根据句中的画线部分，把句子改成用疑问代词提出问题的问句
次の文中の下線部について、疑問代名詞を使って疑問文を作りなさい

(1) 他是<u>我</u>的老师。 →
(2) 她姓<u>王</u>。 →
(3) 她叫<u>京京</u>。 →
(4) <u>她</u>认识王林。 →
(5) 王老师去<u>教室</u>。 →
(6) 玛丽在<u>宿舍</u>。 →

4. 听后复述　聞いてから述べる

　　我介绍一下儿，我叫玛丽，我是美国留学生。那是大卫，他是我的朋友，他也是留学生，他是法国（Fǎguó，フランス）人。刘京、王兰是我们的朋友，认识他们我们很高兴。

5. 语音练习　発音練習

(1) 辨音　発音を聞き分ける

zhīdào	（知道）	chídào	（迟到）
běnzi	（本子）	pénzi	（盆子）
zìjǐ	（自己）	cíqì	（瓷器）
niǎolóng	（鸟笼）	lǎonóng	（老农）
chī lí	（吃梨）	qí lú	（骑驴）
jiāotì	（交替）	jiāo dì	（浇地）

(2) 辨调　声調を聞き分ける

núlì	（奴隶）	——	nǔlì	（努力）
chīlì	（吃力）	——	chī lí	（吃梨）
jiù rén	（救人）	——	jiǔ rén	（九人）
měijīn	（美金）	——	méijìn	（没劲）
zhuāng chē	（装车）	——	zhuàng chē	（撞车）
wán le	（完了）	——	wǎn le	（晚了）

(3) 读下列词语：第一声+第二声　次の単語を読みなさい：第1声+第2声

bā lóu	（八楼）	gōngrén	（工人）
jīnnián	（今年）	tī qiú	（踢球）
huānyíng	（欢迎）	shēngcí	（生词）
dāngrán	（当然）	fēicháng	（非常）
gōngyuán	（公园）	jiātíng	（家庭）

复习（一）
復習（一）

一 会话 会话

1

林：你好！

A：林大夫，您好！

林：你爸爸、妈妈身体好吗？

A：他们身体都很好。谢谢！

林：这是——

A：这是我朋友，叫马小民（Mǎ Xiǎomín，人名）。〔对马小民说〕林大夫是我爸爸的朋友。

马：林大夫，您好！认识您很高兴。

林：认识你，我也很高兴。你们去哪儿？

马：我回家。

A：我去他家。您呢？

林：我去商店。再见！

A、马：再见！

2

高（Gāo，姓）：马小民在家吗？

B：在。您贵姓？

高：我姓高，我是马小民的老师。

B：高老师，请进。

高：你是——

B：我是马小民的姐姐，我叫马小清（Mǎ Xiǎoqīng，人名）。

二　语　法　文法

"也"和"都"的位置　「也」と「都」の位置

（1）副词"也"和"都"必须放在主语之后、谓语动词或形容词之前。"也""都"同时修饰谓语时，"也"必须放在"都"前边。例如：

副詞「也」と「都」は主語の後、述語になる動詞・形容詞の前に置かなければならない。「也」と「都」が同時に述語にかかる時には「也」は「都」の前に置かなければならない。例えば、

① 我也很好。

② 他们都很好。

③ 我们都是学生，他们也都是学生。

（2）"都"一般总括它前边出现的人或事物，因此只能说"我们都认识他"，不能说"我都认识他们"。

「都」は普通その前に示された複数の人や物事を総括的に言う時に使う。したがって「我们都认识他」とは言うが、「我都认识他们」とは言わない。

三 练习　練習

1. 辨音辨调　発音と声調を聞き分ける

（1）送气音与不送气音　有気音と無気音

b	bǎo le	饱了	お腹がいっぱいになった。
p	pǎo le	跑了	逃げた。
d	dà de	大的	大きいもの
t	tā de	他的	彼の
g	gāi zǒu le	该走了	そろそろ帰らなければならない。
k	kāi zǒu le	开走了	走り去った。
j	dì jiǔ	第九	第9
q	dìqiú	地球	地球

（2）区别几个易混的声母和韵母　次のいくつかの聞き分けにくい子音・母音を区別しなさい

j-x	jiějie	（姐姐） —	xièxie	（谢谢）
s-sh	sìshísì	（四十四） —	shì yi shì	（试一试）
üe-ie	dàxué	（大学） —	dà xié	（大鞋）
uan-xuang	yì zhī chuán	（一只船） —	yì zhāng chuáng	（一张床）

（3）区别不同声调的不同意义　次の声調が違う単語の意味を識別しなさい

yǒu	（有　ある，いる） —	yòu	（又　再び）
jǐ	（几　幾か） —	jì	（寄　送る）
piāo	（漂　漂う） —	piào	（票　切符）
shí	（十　十） —	shì	（是　……である）
sī	（丝　糸） —	sì	（四　よん）
xǐ	（洗　洗う） —	xī	（西　西）

2. 三声音节连读 3声が続く次の文を読みなさい 🔘

(1) Wǒ hǎo.
Wǒ hěn hǎo.
Wǒ yě hěn hǎo.

(2) Nǐ yǒu.
Nǐ yǒu biǎo（腕時計）.
Nǐ yě yǒu biǎo.

四 阅读短文　次の短い文章を読みなさい

他叫大卫。他是法国（Fǎguó，フランス）人。他在北京语言大学（Běijīng Yǔyán Dàxué，北京語言大学）学习。

玛丽是美国人。她认识大卫。他们是同学（tóngxué，クラスメート）。

刘京和（hé，と）王兰都是中国（Zhōngguó，中国）人。他们都认识玛丽和大卫。他们常去留学生宿舍看玛丽和大卫。

玛丽和大卫的老师姓张。张老师很忙。他身体不太好。张老师的爱人（àiren，妻）是大夫。她身体很好，工作很忙。

xúnwèn
询问（1）
尋ねる

06 你的生日是几月几号
あなたの誕生日は何月何日ですか

一 句子 基本文 🎧

025 今天几号？ 今日は何日ですか。
Jīntiān jǐ hào?

026 今天八号。 今日は8日です。
Jīntiān bā hào.

027 今天不是星期四，昨天星期四。
Jīntiān bú shì xīngqīsì, zuótiān xīngqīsì.
今日は木曜日ではありません。昨日が木曜日でした。

028 晚上你做什么？
Wǎnshang nǐ zuò shénme?
夜には何をしますか。

029 你的生日是几月几号？
Nǐ de shēngrì shì jǐ yuè jǐ hào?
あなたの誕生日は何月何日ですか。

030 我们上午去她家，好吗？
Wǒmen shàngwǔ qù tā jiā, hǎo ma?
私たち、午前に彼女の家に行くのはどうですか。

二 会话 会话

1

玛丽：今天几号？
Mǎlì: Jīntiān jǐ hào?

大卫：今天八号。
Dàwèi: Jīntiān bā hào.

玛丽：今天星期四吗？
Mǎlì: Jīntiān xīngqīsì ma?

大卫：今天不是星期四，昨天星期四。
Dàwèi: Jīntiān bú shì xīngqīsì, zuótiān xīngqīsì.

玛丽：明天星期六，晚上你做什么？
Mǎlì: Míngtiān xīngqīliù, wǎnshang nǐ zuò shénme?

大卫：我看电影，你呢？
Dàwèi: Wǒ kàn diànyǐng, nǐ ne?

玛丽：我去酒吧。
Mǎlì: Wǒ qù jiǔbā.

2

玛丽：你的生日是几月几号？
Mǎlì: Nǐ de shēngrì shì jǐ yuè jǐ hào?

王兰：三月十七号。你呢？
Wáng Lán: Sānyuè shíqī hào. Nǐ ne?

玛丽：五月九号。
Mǎlì: Wǔyuè jiǔ hào.

王兰：四号是张丽英的生日。
Wáng Lán: Sì hào shì Zhāng Lìyīng de shēngrì.

玛丽：四号星期几？
Mǎlì: Sì hào xīngqī jǐ?

王兰：星期天。
Wáng Lán: Xīngqītiān.

玛丽：你去她家吗？
Mǎlì: Nǐ qù tā jiā ma?

王兰：去，你呢？
Wáng Lán: Qù, nǐ ne?

玛丽：我也去。
Mǎlì: Wǒ yě qù.

王兰：我们上午去，好吗？
Wáng Lán: Wǒmen shàngwǔ qù, hǎo ma?

玛丽：好。
Mǎlì: Hǎo.

三　替换与扩展　置き換えと広げる

替换　置き換え

(1) 今天几号？
　　昨天　明天　这个星期六　这个星期日

(2) A：晚上你做什么？
　　B：我看电影。
　　看书　听音乐　看电视　写信

(3) 我们上午去她家，好吗？
　　晚上去酒吧　下午去书店　星期天听音乐　明天去买东西

扩展　広げる

（1）A：明天是几月几号，星期几？
　　　　Míngtiān shì jǐ yuè jǐ hào, xīngqī jǐ?

　　B：明天是十一月二十八号，星期日。
　　　　Míngtiān shì shíyīyuè èrshíbā hào, xīngqīrì.

（2）这个星期五是我朋友的生日。他今年
　　　Zhè ge xīngqīwǔ shì wǒ péngyou de shēngrì. Tā jīnnián
　　二十岁。下午我去他家看他。
　　èrshí suì. Xiàwǔ wǒ qù tā jiā kàn tā.

四　生词　新出単語

1	几	jǐ	代	いつ，幾つ
2	星期	xīngqī	名	曜日，週間
3	昨天	zuótiān	名	きのう
4	晚上	wǎnshang	名	夜
5	做	zuò	动	する，やる
6	生日	shēngrì	名	誕生日
7	上午	shàngwǔ	名	午前
8	电影	diànyǐng	名	映画
9	星期天（星期日）	xīngqītiān (xīngqīrì)	名	日曜日
10	书	shū	名	本
11	音乐	yīnyuè	名	音楽
12	电视	diànshì	名	テレビ

13	写	xiě	动	書く
14	信	xìn	名	手紙
15	下午	xiàwǔ	名	午後
16	书店	shūdiàn	名	本屋
17	买	mǎi	动	買う
18	东西	dōngxi	名	物
19	岁	suì	量	歳

● 专名　固有名詞

| 张丽英 | Zhāng Lìyīng | 人名 |

五　语法　文法

1. 名词谓语句　名詞述語文

（1）由名词、名词短语或数量词等直接作谓语的句子，叫作名词谓语句。肯定句不用"是"（如用"是"则是动词谓语句）。这种句子主要用来表达时间、年龄、籍贯及数量等。例如：

名詞・名詞構造・数量詞を直接に述語とする文は名詞述語文と呼ばれる。肯定形は「是」を使わない。（「是」を使うと動詞述語文になる。）この種の文は主に時間・年齢・出身地・数量などを説明する。例えば、

① 今天星期天。　　② 我今年二十岁。
③ 他北京人。

（2）如果要表示否定，在名词谓语前加"不是"，变成动词谓语句。例如：

否定を表す場合、述語の名詞の前に「不是」を入れると、動詞述語文になる。例えば、

④ 今天不是星期天。　　⑤ 他不是北京人。

2. 年、月、日、星期的表示法　年・月・日・曜日の表し方

（1）年的读法是直接读出每个数字。例如：
年の読み方は直接一つ一つの数字を読む。例えば、

一九九八年　　　　　二〇〇六年
yī jiǔ jiǔ bā nián　　èr líng líng liù nián

二〇一五年　　　　　二〇二〇年
èr líng yī wǔ nián　　èr líng èr líng nián

（2）十二个月的名称是数词"一"至"十二"后边加"月"。例如：
月は数字1～12の後に「月」を加える。例えば、

一月　　　五月　　　九月　　　十二月
yīyuè　　 wǔyuè　　 jiǔyuè　　shí'èryuè

（3）日的表示法同月。数词1至31后加"日"或"号"（"日"多用于书面语，"号"多用于口语）。
日の表し方は月と同じく、数字1～31の後に「日」あるいは「号」を加える。（「日」は主に書き言葉として使い、「号」は主に話し言葉として使う。）

（4）星期的表示法是"星期"后加数词"一"至"六"。第七天为"星期日"，或叫"星期天"。
曜日は「星期」の後に数字1～6がつく。日曜日は「星期天」か「星期日」である。

（5）年、月、日、星期的顺序如下：
年・月・日・曜日の表記は以下の順に表す。

2015年6月12日（星期五）

3. "……，好吗？"　「……，どうですか。」

（1）这是用来提出建议后，征询对方意见的一种问法。问句的前一部分是陈述句。例如：
これは提案した上で相手の意見を求める問い方である。この疑問文の前節は平叙文である。

例えば、

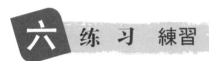
① 你来我宿舍，好吗？　　② 明天去商店，好吗？

（2）如果同意，就用"好""好啊（wa）"等应答。
賛成であれば「好」、「好啊（wa）」で応える。

六　练习　練習

1. 熟读下列短语并选择四个造句
次の連語をよく読み、中から四つを選んで文を作りなさい

做什么
买什么

看书
看电影

他的生日
我的宿舍

星期天下午
明天上午
今天晚上

看电视
听音乐
写信

2. 完成对话　次の会話文を完成しなさい

（1）A：明天星期几？

　　　B：＿＿＿＿＿＿＿＿＿＿＿＿＿＿。

　　　A：＿＿＿＿＿＿＿＿＿＿＿＿＿＿？

　　　B：我看电视。

（2）A：这个星期六是几月几号？

　　　B：＿＿＿＿＿＿＿＿＿＿＿＿＿＿。

　　　A：你去商店吗？

　　　B：＿＿＿＿＿＿＿＿＿＿＿＿，我工作很忙。

（3）A：这个星期天晚上你做什么？

B：_____。你呢？

A：_____。

3. 谈一谈　話してみよう

（1）同学们互相介绍自己的生日。
クラスメートはお互いに自分の誕生日を紹介しなさい。

（2）介绍一下儿你做下面几件事情的时间。
次の事をする時間はいつですか。

| 看书 | 看电视 | 听音乐 | 写信 | 看电影 |

4. 听后复述　聞いてから述べる

今天星期天，我不学习（xuéxí，勉強）。上午我去商店，下午我去看朋友，晚上我写信。

5. 语音练习　発音練習

（1）辨音　発音を聞き分ける

zhuànglì（壮丽）	——	chuànglì（创立）
zǎoyuán（枣园）	——	cǎoyuán（草原）
rénmín（人民）	——	shēngmíng（声明）
pǎo bù（跑步）	——	bǎohù（保护）
niúnǎi（牛奶）	——	yóulǎn（游览）
qǐ zǎo（起早）	——	xǐ zǎo（洗澡）

06 你的生日是几月几号　あなたの誕生日は何月何日ですか

(2) 辨调　声調を聞き分ける

túdì	（徒弟）	——	tǔdì	（土地）
xuèyè	（血液）	——	xuéyè	（学业）
cāi yi cāi	（猜一猜）	——	cǎi yi cǎi	（踩一踩）
zǔzhī	（组织）	——	zǔzhǐ	（阻止）
jiǎnzhí	（简直）	——	jiān zhí	（兼职）
jiǎng qíng	（讲情）	——	jiǎng qīng	（讲清）

(3) 读下列词语：第一声+第三声　次の単語を読みなさい：第1声+第3声

qiānbǐ	（铅笔）	jīchǎng	（机场）
xīnkǔ	（辛苦）	jīnglǐ	（经理）
shēntǐ	（身体）	cāochǎng	（操场）
hēibǎn	（黑板）	kāishǐ	（开始）
fāngfǎ	（方法）	gēwǔ	（歌舞）

07 你家有几口人

xúnwèn 询问（2） 尋ねる

あなたは何人家族ですか

一 句子 基本文

031
你家有几口人？①
Nǐ jiā yǒu jǐ kǒu rén?
あなたは何人家族ですか。

032
你妈妈做什么工作？
Nǐ māma zuò shénme gōngzuò?
お母さんはどんな仕事をしていますか。

033
她在大学工作。　彼女は大学に勤めています。
Tā zài dàxué gōngzuò.

034
我家有爸爸、妈妈和一个弟弟。
Wǒ jiā yǒu bàba、māma hé yí ge dìdi.
家には父と母と弟が一人います。

035
哥哥结婚了。　兄は結婚しています。
Gēge jié hūn le.

036
他们没有孩子。　彼らには子供がいません。
Tāmen méi yǒu háizi.

二 会话 会話

1

大卫： 刘京，你家有几口人？
Dàwèi: Liú Jīng, nǐ jiā yǒu jǐ kǒu rén?

刘京： 四口人。你家呢？
Liú Jīng: Sì kǒu rén. Nǐ jiā ne?

大卫： 两口人②，妈妈和我。
Dàwèi: Liǎng kǒu rén, māma hé wǒ.

刘京： 你妈妈做什么工作？
Liú Jīng: Nǐ māma zuò shénme gōngzuò?

大卫： 她是老师。她在大学工作。
Dàwèi: Tā shì lǎoshī. Tā zài dàxué gōngzuò.

2

大卫： 和子，你家有什么人？
Dàwèi: Hézǐ, nǐ jiā yǒu shénme rén?

和子： 爸爸、妈妈和一个弟弟。
Hézǐ: Bàba、māma hé yí ge dìdi.

大卫： 你弟弟是学生吗？
Dàwèi: Nǐ dìdi shì xuésheng ma?

和子： 是，他学习英语。
Hézǐ: Shì, tā xuéxí Yīngyǔ.

大卫： 你妈妈工作吗？
Dàwèi: Nǐ māma gōngzuò ma?

和子： 她不工作。
Hézǐ: Tā bù gōngzuò.

3

王兰：你家有谁？③
Wáng Lán: Nǐ jiā yǒu shéi?

玛丽：爸爸、妈妈和姐姐。
Mǎlì: Bàba、 māma hé jiějie.

王兰：你姐姐工作吗？
Wáng Lán: Nǐ jiějie gōngzuò ma?

玛丽：工作。她是职员，在银行工作。你哥哥做什么工作？
Mǎlì: Gōngzuò. Tā shì zhíyuán, zài yínháng gōngzuò. Nǐ gēge zuò shénme gōngzuò?

王兰：他是大夫。
Wáng Lán: Tā shì dàifu.

玛丽：他结婚了吗？
Mǎlì: Tā jié hūn le ma?

王兰：结婚了。他爱人是护士。
Wáng Lán: Jié hūn le. Tā àiren shì hùshi.

玛丽：他们有孩子吗？
Mǎlì: Tāmen yǒu háizi ma?

王兰：没有。
Wáng Lán: Méi yǒu.

注释　注釈

❶ 你家有几口人？ あなたは何人家族ですか。

"几口人"只用于询问家庭的人口。其他场合询问人数时，量词要用"个""位"等。

「几口人」は家族の人数を聞く時にしか使わない。その他の人数を聞く時には助数詞は「个」、「位」などを使う。

07 你家有几口人 | あなたは何人家族ですか

❷ **两口人　二人**

　　"两"和"二"都表示"2"。在量词前一般多用"两"，不用"二"。例如：两个朋友、两个哥哥。但 10 以上数字中的"2"，如 12、32 等数字中的"2"，不管后面有无量词，都用"二"，不用"两"。例如：十二点、二十二个学生。

　　「两」も「二」も二つという意味を表すが、数量詞の前には「两」しか用いられない。たとえば「两个朋友」、「两个哥哥」などである。ただし、10 以上の数字の中の「2」は、「二」で意味を表す。たとえば「十二点」、「二十二个学生」など。

❸ **你家有谁？　ご家族にはどなたがいらっしゃいますか。**

　　此句与"你家有什么人"意思相同。"谁"既可以是单数（一个人），也可以是复数（几个人）。

　　「你家有什么人」と意味が同じである。「谁」は単数（ひとり）に対しても、復数（何人か）に対しても用いることができる。

三　替换与扩展　置き換えと広げる

替换　置き換え

(1) 他学习<u>英语</u>。　　　　　　汉语　日语　韩语

(2) 她在<u>银行</u> <u>工作</u>。

教室	上课
宿舍	上网
家	看电视

(3) 他们有<u>孩子</u>吗？

你 姐姐	他 妹妹
你 英语书	他 汉语书
你 电脑	他 手机

扩展　広げる

(1) 我 在 北 京 语 言 大 学 学 习。
　　Wǒ zài Běijīng Yǔyán Dàxué xuéxí.

(2) 今 天 有 汉 语 课，明 天 没 有 课。
　　Jīntiān yǒu Hànyǔ kè, míngtiān méi yǒu kè.

(3) 下 课 了，我 回 宿 舍 休 息。
　　Xià kè le, wǒ huí sùshè xiūxi.

四　生词　新出単語

1	有	yǒu	动	いる，ある
2	口	kǒu	量	人（家族の人数を数える助数詞）
3	和	hé	连	……と……
4	结婚	jié hūn		結婚する
5	了	le	助	完了を表す
6	没	méi	副	「有」に対する否定を表す
7	孩子	háizi	名	子供
8	两	liǎng	数	二つ
9	学习	xuéxí	动	勉強する
10	英语	Yīngyǔ	名	英語
11	职员	zhíyuán	名	職員
12	银行	yínháng	名	銀行
13	爱人	àiren	名	夫，妻
14	护士	hùshi	名	看護婦

15	汉语	Hànyǔ	名	中国語
16	日语	Rìyǔ	名	日本語
17	韩语	Hányǔ	名	韓国語
18	上课	shàng kè		授業に出る
19	上网	shàng wǎng		インターネットをする
	网	wǎng	名	インターネット
20	电脑	diànnǎo	名	コンピューター
21	手机	shǒujī	名	携帯電話
22	下课	xià kè		授業が終わる，授業を終える

専名　固有名詞

| 北京语言大学 | Běijīng Yǔyán Dàxué | 北京語言大学 |

五　语法　文法

1. "有"字句 「有」文

由"有"及其宾语作谓语的句子，叫"有"字句。这种句子表示领有。它的否定式是在"有"前加副词"没"，不能加"不"。例如：
「有」とその目的語が述語になる文は「有」文と呼ばれる。この種の文は所有を表す。否定形は「有」の前に「没」を入れて作られる。「不」を用いることはできない。例えば、

① 我有汉语书。　　② 他没有哥哥。

③ 他没有日语书。

2. 介词结构　前置詞構造

介词跟它的宾语组成介词结构，常用在动词前作状语。如"在银行工作""在教室上课"中的"在银行""在教室"都是由介词"在"和它的宾语组成的介词结构。

前置詞とその目的語が一緒になれば前置詞構造となる。前置詞構造は常に動詞の前に置かれ、連用修飾語となる。例えば「在银行工作」、「在教室上课」の文の中の「在银行」、「在教室」は前置詞「在」とその目的語になって作られた前置詞構造である。

六　练习　練習

1. 选择适当的动词填空　適切な動詞を選んで空白を埋めなさい

　　听　　写　　学习　　看　　有　　叫　　是

（1）_____ 什么名字　　　（2）_____ 几口人

（3）_____ 学生　　　　　（4）_____ 汉语

（5）_____ 音乐　　　　　（6）_____ 信

（7）_____ 电视

2. 用"几"提问，完成下列对话
　　「几」を使って質問文を作って、次の会話文を完成しなさい

（1）A：_____？

　　　B：明天星期四。

　　　A：_____？

　　　B：明天是六月一号。

（2）A：_____？

　　　B：王老师家有四口人。

　　　A：他有孩子吗？

B：_____。

A：_____？

B：他有一个孩子。

3. 谈一谈　話してみよう

（1）同学们互相介绍自己的家庭。
　　　クラスメートはお互いに自分の家族のことを紹介しなさい。

（2）介绍一下儿自己在哪儿学习、学习什么。
　　　自分がどこで何を勉強しているかを言いなさい。

4. 听后复述　聞いてから述べる

　　小明五岁。他有一个哥哥，哥哥是学生。他爸爸、妈妈都工作。小明说（shuō，言う），他家有五口人。那一个是谁？是他的猫（māo，ねこ）。

5. 语音练习　発音練習

（1）读下列词语：第一声+第四声　次の単語を読みなさい：第1声+第4声

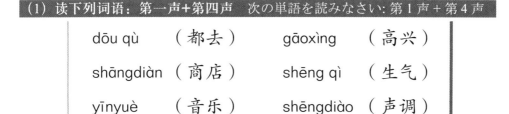

```
dōu qù      （都去）        gāoxìng     （高兴）
shāngdiàn   （商店）        shēng qì    （生气）
yīnyuè      （音乐）        shēngdiào   （声调）
chī fàn     （吃饭）        bāngzhù     （帮助）
gōngzuò    （工作）        xūyào       （需要）
```

（2）第三声变调　第3声の変調

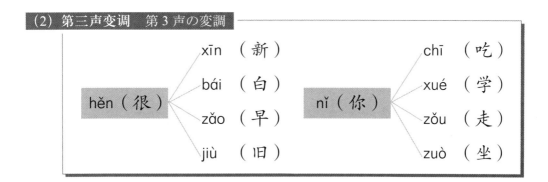

hěn（很）— xīn（新）／bái（白）／zǎo（早）／jiù（旧）

nǐ（你）— chī（吃）／xué（学）／zǒu（走）／zuò（坐）

xúnwèn
询问（3）
尋ねる

08 现在几点
今何時ですか

一 句子 基本文

037 现在几点？　今何時ですか。
Xiànzài jǐ diǎn?

038 现在七点二十五分。　今は7時25分です。
Xiànzài qī diǎn èrshíwǔ fēn.

039 你几点上课？　授業は何時から始まりますか。
Nǐ jǐ diǎn shàng kè?

040 差一刻八点去。　8時15分前に行きます。
Chà yí kè bā diǎn qù.

041 我去吃饭。　私は食事に行きます。
Wǒ qù chī fàn.

042 我们什么时候去？　私たちはいつ行きますか。
Wǒmen shénme shíhou qù?

043 太早了。　早すぎます。
Tài zǎo le.

08 现在几点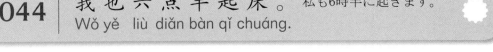

044 | 我也六点半起床。 私も6時半に起きます。
Wǒ yě liù diǎn bàn qǐ chuáng.

二 会话 会話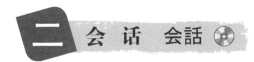

1

玛丽：现在几点？
Mǎlì: Xiànzài jǐ diǎn?

王兰：现在七点二十五分。
Wáng Lán: Xiànzài qī diǎn èrshíwǔ fēn.

玛丽：你几点上课？
Mǎlì: Nǐ jǐ diǎn shàng kè?

王兰：八点。
Wáng Lán: Bā diǎn.

玛丽：你什么时候去教室？
Mǎlì: Nǐ shénme shíhou qù jiàoshì?

王兰：差一刻八点去。
Wáng Lán: Chà yí kè bā diǎn qù.

玛丽：现在你去教室吗？
Mǎlì: Xiànzài nǐ qù jiàoshì ma?

王兰：不去，我去吃饭。
Wáng Lán: Bú qù, wǒ qù chī fàn.

2

刘京：明天去长城，好吗？
Liú Jīng: Míngtiān qù Chángchéng, hǎo ma?

大卫：好，什么时候去？
Dàwèi: Hǎo, shénme shíhou qù?

刘京：早上七点。
Liú Jīng: Zǎoshang qī diǎn.

大卫：太早了，七点半吧。你几点起床？
Dàwèi: Tài zǎo le, qī diǎn bàn ba. Nǐ jǐ diǎn qǐ chuáng?

刘京：六点半，你呢？
Liú Jīng: Liù diǎn bàn, nǐ ne?

大卫：我也六点半起床。
Dàwèi: Wǒ yě liù diǎn bàn qǐ chuáng.

三　替换与扩展　置き換えと広げる

 替换　置き換え

（1）A：现在几点？
　　　B：现在7:25。

10:15	3:45	11:35	12:10
2:30	8:15	2:55	5:20

（2）A：你什么时候去教室？
　　　B：差一刻八点去。

来教室	2:00来
来我的宿舍	4:00来
去食堂	11:55去
去上海	7月28号去
去日本	1月25号去

（3）我去吃饭。

买花	听音乐	打网球
看电影	买水	睡觉

08 现在几点 | 今何時ですか

📍 扩展 　広げる

（1）现在两点零五分，我去大卫宿舍看他。
　　 Xiànzài liǎng diǎn líng wǔ fēn, wǒ qù Dàwèi sùshè kàn tā.

（2）早上七点一刻吃早饭。
　　 Zǎoshang qī diǎn yí kè chī zǎofàn.

四　生词　新出単語

1	现在	xiànzài	名	今，現在
2	点	diǎn	量	時
3	分	fēn	量	分
4	差	chà	动	……前
5	刻	kè	量	15分
6	吃	chī	动	食べる
7	饭	fàn	名	御飯
8	时候	shíhou	名	時間，ごろ
9	半	bàn	数	半
10	起	qǐ	动	起きる
11	床	chuáng	名	ベッド
12	早上	zǎoshang	名	朝
13	吧	ba	助	勧誘・請求を表す
14	食堂	shítáng	名	食堂
15	花（儿）	huā (r)	名	花

16	打	dǎ	动	する，やる
17	网球	wǎngqiú	名	テニス
18	水	shuǐ	名	水
19	睡觉	shuì jiào		寝る
20	早饭	zǎofàn	名	朝ご飯

◎ 专名　固有名詞

| 长城 | Chángchéng | 万里の長城 |

五　语法　文法

1. 钟点的读法　時間の読み方

2:00	两点 liǎng diǎn		
6:05	六点零五分 liù diǎn líng wǔ fēn		
8:15	八点十五分 bā diǎn shíwǔ fēn	八点一刻 bā diǎn yí kè	
10:30	十点三十分 shí diǎn sānshí fēn	十点半 shí diǎn bàn	
11:45	十一点四十五分 shíyī diǎn sìshíwǔ fēn	十一点三刻 shíyī diǎn sān kè	差一刻十二点 chà yí kè shí'èr diǎn
1:50	一点五十分 yī diǎn wǔshí fēn	差十分两点 chà shí fēn liǎng diǎn	

2. 时间词　時間詞

（1）表示时间的名词或数量词可作主语、谓语、定语。例如：
時間を表す名詞・数量詞は主語・述語・連体修飾語として使うことができる。例えば、

> ① 现在八点。（主语）　　　　② 今天五号。（谓语）
> ③ 他看八点二十的电影。（定语）
> ④ 晚上的电视很好。（定语）

（2）时间词作状语时，可放在主语之后、谓语之前，也可放在主语之前。例如：
時間が連用修飾語として使われる時は主語の後、述語の前に置いても、主語の前に置いてもよい。例えば、

> ⑤ 我晚上看电视。　　　　⑥ 晚上我看电视。

（3）作状语的时间词有两个以上时，表示时间长的词在前。例如：
二つ以上の時を表す名詞を連用修飾語として使う時は、時間の長いほうが先になる。例えば、

> ⑦ 今天晚上八点二十分我看电影。

（4）时间词与处所词同时作状语时，一般来说时间词在前，处所词在时间词之后。例如：
時を表す名詞と場所を表す名詞が同時に連用修飾語となる時には、普通、時を表す名詞を前に置き、場所を表す名詞は時を表す名詞の後に置く。例えば、

> ⑧ 她现在在银行工作。

六　练习　練習

1. 用汉语说出下列时间并选择五个造句
　　中国語で次の時間を読み、中から五つを選んで文を作りなさい

| 10:00 | 6:30 | 4:35 | 8:05 | 7:15 |
| 9:25 | 11:45 | 2:55 | 3:20 | 12:10 |

2. 完成对话　次の会話文を完成しなさい

(1) A：你们几点上课？

B：_____。

A：你几点去教室？

B：_____。现在几点？

A：_____。

(2) A：_____？

B：十二点半吃午饭。

A：_____？

B：我十二点十分去食堂。

3. 按照实际情况回答问题　事実に基づいて次の問題に答えなさい

(1) 你几点起床？你吃早饭吗？几点吃早饭？

(2) 你几点上课？几点下课？几点吃饭？

(3) 你几点吃晚饭（wǎnfàn，晚御飯）？几点睡觉？

(4) 星期六你几点起床？几点睡觉？

4. 说说你的一天　あなたの一日を話してみよう

5. 听后复述　聞いてから述べる

今天星期六，我们不上课。小王说（shuō，言う），晚上有一个好电影，他和我一起（yìqǐ，一緒に）去看，我很高兴。

下午六点我去食堂吃饭，六点半去小王的宿舍，七点我们去看电影。

6. 语音练习　発音練習

(1) 读下列词语：第一声+轻声　次の単語を読みなさい：第1声+軽声

yīfu	（衣服）	xiūxi	（休息）
dōngxi	（东西）	zhīshi	（知识）
chuānghu	（窗户）	tāmen	（他们）
dāozi	（刀子）	bōli	（玻璃）
māma	（妈妈）	zhuōzi	（桌子）

(2) 常用音节练习　常用音節練習

xúnwèn
询问（4）
尋ねる

09 你住在哪儿
あなたはどこに住んでいますか

一 句子 基本文

045 你住在哪儿？ あなたはどこに住んでいますか。
Nǐ zhù zài nǎr?

046 我住在留学生宿舍。
Wǒ zhù zài liúxuéshēng sùshè.
留学生宿舎に住んでいます。

047 多少号房间？①② 何号室ですか。
Duōshao hào fángjiān?

048 你家在哪儿？ お宅はどこですか。
Nǐ jiā zài nǎr?

049 欢迎你去玩儿。 遊びに来てください。
Huānyíng nǐ qù wánr.

050 她常去。 彼女はよく行きます。
Tā cháng qù.

051 我们一起去吧。 私たち一緒に行きましょう。
Wǒmen yìqǐ qù ba.

09 你住在哪儿 | あなたはどこに住んでいますか

052 | 那太好了！③ それはよかったです。
Nà tài hǎo le!

二 会话 会话

1

刘京： 你住在哪儿？
Liú Jīng: Nǐ zhù zài nǎr?

大卫： 我住在留学生宿舍。
Dàwèi: Wǒ zhù zài liúxuéshēng sùshè.

刘京： 几号楼？①
Liú Jīng: Jǐ hào lóu?

大卫： 九号楼。
Dàwèi: Jiǔ hào lóu.

刘京： 多少号房间？
Liú Jīng: Duōshao hào fángjiān?

大卫： 308房间。② 你家在哪儿？
Dàwèi: Sān líng bā fángjiān. Nǐ jiā zài nǎr?

刘京： 我家在学院路25号，欢迎你去玩儿。
Liú Jīng: Wǒ jiā zài Xuéyuàn Lù èrshíwǔ hào, huānyíng nǐ qù wánr.

大卫： 谢谢！
Dàwèi: Xièxie!

2

大卫： 张丽英家在哪儿？
Dàwèi: Zhāng Lìyīng jiā zài nǎr?

玛丽：我 不 知 道。王 兰 知 道。她 常 去。
Mǎlì: Wǒ bù zhīdào. Wáng Lán zhīdào. Tā cháng qù.

大卫：好，我 去 问 她。
Dàwèi: Hǎo, wǒ qù wèn tā.

3

大卫：王 兰，张 丽 英 家 在 哪 儿？
Dàwèi: Wáng Lán, Zhāng Lìyīng jiā zài nǎr?

王兰：清 华 大 学 旁 边。你 去 她 家 吗？
Wáng Lán: Qīnghuá Dàxué pángbiān. Nǐ qù tā jiā ma?

大卫：对，明 天 我 去 她 家。
Dàwèi: Duì, míngtiān wǒ qù tā jiā.

王兰：你 不 认 识 路，
Wáng Lán: Nǐ bú rènshi lù,

我 们 一 起 去 吧。
wǒmen yìqǐ qù ba.

大卫：那 太 好 了！
Dàwèi: Nà tài hǎo le!

注释　注釈

❶ **多少号房间？** 何号室ですか。
几号楼？ 何番の建物ですか。
　　这两句中的"几"和"多少"都是用来询问数目的。估计数目在10以下，一般用"几"，10以上用"多少"。
　　この二つの文の中の「几」も「多少」も数量がどのくらいであるかを尋ねている。数は10以下と推測する場合は普通「几」を使い、10以上と推測する場合には「多少」を使う。

❷ **多少号房间？** 何号室ですか。
308房间。 308号室です。
　　"号"用在数字后面表示顺序，一般不省略。例如：
　　「号」は数詞の後に用いて事物の順序を示し、普通省略できない。例えば、

09 你住在哪儿　あなたはどこに住んでいますか

> 9号楼　　　　　　　　23号房间
>
> 如果数字多于三位，一般省略"号"，而且按字面读数字。例如：
> 三桁以上の数字の場合、通常「号」を省略、数を一つずつ読む。例えば、
>
> 303楼　　　　　　　　2032房间
>
> ❸ 那太好了!　それはよかったです。
>
> 　　这里的"那"，意思是"那样的话"。"太好了"是表示满意、赞叹的用语。"太"在这里表示程度极高。
> 　　ここの「那」は「それなら」の意味である。「太好了」は満足や賛美を表す言葉。「太」はここでは程度の高いことを表す。

　替换与扩展　置き換えと広げる

📍 替换　置き換え

（1）A：你住在哪儿？
　　　B：我住在<u>留学生宿舍</u>。　▶◀　| 9号楼308房间 |
| 5号楼204房间 |
| 上海　　　北京饭店 |

（2）欢迎你<u>去玩儿</u>。　▶◀　| 来我家玩儿　来北京工作 |
| 来语言大学学习 |

（3）她常去<u>张丽英家</u>。　▶◀　| 那个公园　那个邮局 |
| 留学生宿舍　他们学校 |

扩展　広げる

A：你去哪儿？
　　Nǐ qù nǎr?

B：我去邮局买邮票。你知道王老师住在
　　Wǒ qù yóujú mǎi yóupiào. Nǐ zhīdào Wáng lǎoshī zhù zài

　　哪儿吗？
　　nǎr　ma?

A：他住在宾馆2层234房间。
　　Tā zhù zài bīnguǎn èr céng èr sān sì fángjiān.

四　生词　新出単語

1	住	zhù	动	住む，宿泊する
2	多少	duōshao	代	幾つ，どれくらい
3	号	hào	量	号
4	房间	fángjiān	名	部屋
5	欢迎	huānyíng	动	歓迎する
6	玩儿	wánr	动	遊ぶ
7	常（常）	cháng (cháng)	副	いつも，常に
8	一起	yìqǐ	副	一緒に
9	楼	lóu	名	二階建て以上の建物
10	路	lù	名	みち
11	知道	zhīdào	动	分かる，知っている
12	问	wèn	动	聞く，尋ねる

13	旁边	pángbiān	名	そば、となり
14	对	duì	形/介/动	返答に用いて、同意を表す
15	公园	gōngyuán	名	公園
16	邮局	yóujú	名	郵便局
17	学校	xuéxiào	名	学校
18	邮票	yóupiào	名	切手
19	宾馆	bīnguǎn	名	ホテル
20	层	céng	量	階

专名　固有名詞

1	学院路	Xuéyuàn Lù	学院路
2	清华大学	Qīnghuá Dàxué	清華大学
3	上海	Shànghǎi	上海
4	北京饭店	Běijīng Fàndiàn	北京飯店
5	北京	Běijīng	北京

五　语法　文法

1. 连动句　連動文

在动词谓语句中，几个动词或动词短语连用，且有同一主语，这样的句子叫连动句。例如：
いくつかの動詞・動詞構造が続いて同一の主語を説明する動詞述語文は連動文と呼ばれる。例えば、

① 下午我去他家看他。（第6课）　② 王林常去看电影。
③ 星期天大卫来我家玩儿。　　　④ 我去他宿舍看他。

2. 状语　連用修飾語

动词、形容词前面的修饰成分叫状语。副词、形容词、时间词、介词结构等都可作状语。例如：

動詞、形容詞の前の修飾成分は連用修飾語と呼ばれる。副詞・形容詞・時を表す名詞・前置詞構造等はすべて連用修飾語として使うことができる。例えば、

① 她常去我家玩儿。　　② 你们快来。
③ 我们上午去。（第6课）　　④ 他姐姐在银行工作。

六　练习　練習

1. 熟读下列短语并选择几个造句
次の連語をよく読み、いくつか選んで文を作りなさい

2. 按照实际情况回答问题　事実に基づいて次の問題に答えなさい

（1）你家在哪儿？你的宿舍在哪儿？

（2）你住在几号楼？多少号房间？

（3）星期天你常去哪儿？晚上你常做什么？你常写信吗？

3. 用下列词语造句　次の単語を使って文を作りなさい

例 例えば 　家　　在 → 王老师的家在北京大学。

（1）商店　　在 → _____

（2）谁　　认识 → _____

（3）一起　　听 → _____

4. **谈一谈　話してみよう**

   介绍一下儿你的一个朋友。
   あなたの友達の一人を紹介しなさい。

   提示　他/她住在哪儿，在哪儿学习或工作，等等。
   ヒント　彼/彼女の家はどこか。どこに住んでいるか。どこで勉強しているか。どこで仕事をしているかなど。

5. **语音练习　発音練習**

   (1) 读下列词语：第二声+第一声　次の単語を読みなさい：第2声+第1声

míngtiān （明天）	zuótiān （昨天）
jié hūn （结婚）	fángjiān （房间）
máoyī （毛衣）	pángbiān （旁边）
qiántiān （前天）	shíjiān （时间）
hóng huā （红花）	huí jiā （回家）

   (2) 常用音节练习　常用音節練習

   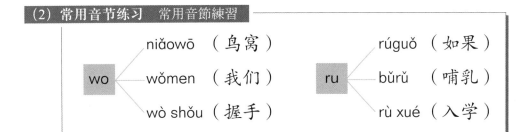

10 邮局在哪儿
郵便局はどこですか

xúnwèn 询问（5） 尋ねる

句子 基本文

053 八号楼在邮局旁边。
Bā hào lóu zài yóujú pángbiān.
8号棟は郵便局のそばにあります。

054 去八号楼怎么走？
Qù bā hào lóu zěnme zǒu?
8号棟にはどう行きますか。

055 那个楼就是八号楼。 その建物は8号棟です。
Nà ge lóu jiù shì bā hào lóu.

056 请问，邮局在哪儿？①
Qǐngwèn, yóujú zài nǎr?
お尋ねしますが、郵便局はどこですか。

057 往前走就是邮局。
Wǎng qián zǒu jiù shì yóujú.
まっすぐに行くと郵便局です。

058 邮局离这儿远不远？
Yóujú lí zhèr yuǎn bu yuǎn?
郵便局はここから遠いですか。

10 邮局在哪儿 | 郵便局はどこですか

059 百货大楼在什么地方？
Bǎihuò Dàlóu zài shénme dìfang?
デパートはどこですか。

060 在哪儿坐车？ どこで車に乗るのですか。
Zài nǎr zuò chē?

二 会话 会話

1

A： 请问，八号楼在哪儿？
　　Qǐngwèn, bā hào lóu zài nǎr?

刘京： 在邮局旁边。
Liú Jīng: Zài yóujú pángbiān.

A： 去八号楼怎么走？
　　Qù bā hào lóu zěnme zǒu?

刘京： 你看，那个楼就是②。
Liú Jīng: Nǐ kàn, nà ge lóu jiù shì.

2

和子： 请问，邮局在哪儿？
Hézǐ: Qǐngwèn, yóujú zài nǎr?

B： 往前走就是邮局。
　　Wǎng qián zǒu jiù shì yóujú.

和子： 离这儿远不远？
Hézǐ: Lí zhèr yuǎn bu yuǎn?

B： 不太远。就在银行前边。②
　　Bú tài yuǎn. Jiù zài yínháng qiánbian.

3

玛丽: 请问，百货大楼在什么地方？
Mǎlì: Qǐngwèn, Bǎihuò Dàlóu zài shénme dìfang?

C: 在王府井。
Zài Wángfǔjǐng.

玛丽: 离天安门远不远？
Mǎlì: Lí Tiān'ānmén yuǎn bu yuǎn?

C: 不远。您怎么去？
Bù yuǎn. Nín zěnme qù?

玛丽: 坐公共汽车。
Mǎlì: Zuò gōnggòng qìchē.

请问在哪儿坐车？
Qǐngwèn zài nǎr zuò chē?

C: 就在那儿。②
Jiù zài nàr.

玛丽: 谢谢！
Mǎlì: Xièxie!

注释　注釈

① 请问，邮局在哪儿？ お尋ねしますが、郵便局はどこですか。
"请问"是向别人提问时的客套语。一定要用在提出问题之前。
「请问」は人に何かを尋ねる時の決まり文句。必ず質問をする前に使う。

② 那个楼就是。その建物です。
就在银行前边。銀行のすぐ前です。
就在那儿。すぐそこです。
这三句中的副词"就"都是用来加强肯定语气的。
この三つの文の中の副詞「就」は肯定の語気を強調するものである。

10 邮局在哪儿　郵便局はどこですか

三 替换与扩展　置き換えと広げる

替换　置き換え

（1）A：八号楼在哪儿？
　　 B：在<u>邮局旁边</u>。

- 留学生食堂西边
- 那个楼南边
- 他的宿舍楼北边
- 操场东边

（2）<u>邮局</u>离<u>这儿</u>远不远？

- 他家　　北京语言大学
- 北京饭店　这儿
- 食堂　　宿舍

（3）在哪儿<u>坐车</u>？

- 学习汉语　工作
- 吃饭　　休息
- 买电脑

扩展　広げる

他爸爸在商店工作。那个商店离他家
Tā bàba zài shāngdiàn gōngzuò. Nà ge shāngdiàn lí tā jiā
很近。他爸爸早上七点半去工作，下午五
hěn jìn. Tā bàba zǎoshang qī diǎn bàn qù gōngzuò, xiàwǔ wǔ
点半回家。
diǎn bàn huí jiā.

四 生词 新出単語

1	怎么	zěnme	代	どのように、どういうふうに
2	走	zǒu	动	行く，歩く
3	就	jiù	副	前の話題を確認する
4	请问	qǐngwèn	动	お尋ねします。
5	往	wǎng	介/动	(……に) 向かって，へ
6	前	qián	名	まえ
7	离	lí	动	……から
8	这儿	zhèr	代	ここ
9	远	yuǎn	形	遠い
10	地方	dìfang	名	ところ、場所
11	坐	zuò	动	(車に) 乗る
12	车	chē	名	車
13	前边	qiánbian	名	前の方
14	公共汽车	gōnggòng qìchē		バス
15	那儿	nàr	代	そこ，あそこ
16	西边	xībian	名	西の方
17	南边	nánbian	名	南の方
18	北边	běibian	名	北の方
19	操场	cāochǎng	名	運動場
20	东边	dōngbian	名	東の方
21	近	jìn	形	近い

10 邮局在哪儿　郵便局はどこですか

专名　固有名詞

1	百货大楼	Bǎihuò Dàlóu	デパート
2	王府井	Wángfǔjǐng	商店街名
3	天安门	Tiān'ānmén	天安門

五　语法　文法

1. 方位词　方位詞

"旁边""前边"等都是方位词。方位词是名词的一种，可以作主语、宾语、定语等句子成分。方位词作定语时，一般要用"的"与中心语连接。例如：东边的房间、前边的商店。

「旁边」、「前边」などの単語は方位詞と呼ばれる。方位詞は名詞の一種であり、文の中で主語、目的語・連体修飾語などとして使うことができる。方位詞を連体修飾語として使う時には方位詞と中心語の間に普通「的」を入れる。例えば「东边的房间」、「前边的商店」などである。

2. 正反疑问句　反復疑問文

将谓语中的动词或形容词的肯定式和否定式并列，就构成了正反疑问句。例如：

述語になる動詞・形容詞の肯定形と否定形を並列して使用すると反復疑問文が作られる。例えば、

① 你今天来不来？　　② 这个电影好不好？
③ 这是不是你们的教室？　　④ 王府井离这儿远不远？

六 练习 練習

1. 选词填空 単語を選んで空白を埋めなさい

去　在　离　回　买　往

(1) 八号楼 _____ 九号楼不太远。

(2) 食堂 _____ 宿舍旁边。

(3) 邮局很近，_____ 前走就是。

(4) 今天晚上我不学习，_____ 家看电视。

(5) 我们 _____ 宿舍休息一下儿吧。

(6) 这本（běn，册）书很好，你 _____ 不 _____ ？

2. 判断正误 次の文が正しいか否かを判断しなさい

(1) 我哥哥在学校工作。（　） (2) 操场宿舍很近。（　）
　　我哥哥工作在学校。（　） 　　操场离宿舍很近。（　）

(3) 我在食堂吃早饭。（　） (4) 他去银行早上八点半。（　）
　　我吃早饭在食堂。（　） 　　他早上八点半去银行。（　）

3. 按照实际情况回答问题 事実に基づいて次の問題に答えなさい

(1) 谁坐在你旁边？谁坐在你前边？

(2) 谁住在你旁边的房间？

(3) 你知道邮局、银行在哪儿吗？怎么走？

4. 听后复述 聞いてから述べる

邮局离银行不远，我常去那儿买邮票、寄（jì，送る）信。书店在银行旁边。那个书店很大，书很多，我常去那儿买书。

5. 语音练习　発音練習

(1) 读下列词语：第二声+第二声　次の単語を読みなさい：第2声+第2声

liú xué （留学）	yínháng （银行）
zhíyuán （职员）	xuéxí （学习）
shítáng （食堂）	huídá （回答）
tóngxué （同学）	rénmín （人民）
wénmíng （文明）	értóng （儿童）

(2) 常用音节练习　常用音節練習

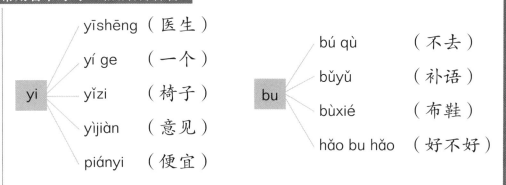

(3) 朗读会话　次の会話文を読みなさい

A: Qǐngwèn, Běijīng Dàxué zài nǎr?

B: Zài Qīnghuá Dàxué xībian.

A: Qīnghuá Dàxué dōngbian shì Yǔyán Dàxué ma?

B: Duì. Zhèr yǒu hěn duō dàxué. Yǔyán Dàxué nánbian hái yǒu hǎojǐ（いくつかの、数個の）ge dàxué.

A: Cóng zhèr wǎng běi zǒu, dàxué bù duō le, shì bu shì?

B: Shì de.

复习（二）
復習（二）

一　会话　会話

1

王：小卫（Xiǎo Wèi，衛さん），我们什么时候去小李家？

卫：星期天，好吗？

王：好。他家在上海饭店（Shànghǎi Fàndiàn，上海飯店）旁边吧？

卫：他搬家（bān jiā，引っ越す）了，现在在中华路（Zhōnghuá Lù，街名）38号。你认识那个地方吗？

王：不认识，问一下儿小马吧。

2

卫：小马，中华路在什么地方？你知道吗？

马：中华路离我奶奶（nǎinai，父方の祖母）家很近。你们去那儿做什么？

王：看一个朋友。那儿离这儿远吗？

马：不太远。星期天我去奶奶家，你们和我一起去吧。

3

王：小马，你奶奶不和你们住在一起吗？

马：不住在一起。奶奶一个人住，我和爸爸、妈妈常去看她。

卫：你奶奶身体好吗？

马：身体很好。她今年六十七岁了。前边就是我奶奶家，你们去坐一会儿（yìhuǐr/yíhuìr，しばらく，少し）吧！

王：十点了，我们不去了。

马：再见！

卫、王：再见！

二 语 法　文法

句子的主要成分　文の主な成分

1. 主语和谓语　主語と述語

　　句子一般可分为主语和谓语两大部分。主语一般在谓语之前。例如：
　文は普通主語と述語の二つに大きく分けることができる。普通、主語は述語の前に置く。例えば、

　　① 你好！　　　　② 我去商店。

如果语言环境清楚，主语或谓语可省略。例如：
文脈がはっきりしている場合、主語もしくは述語を省略できる。例えば、

　　③ A：你好吗？　　　④ A：谁是学生？
　　　 B：（我）很好。　　　B：他（是学生）。

2. 宾语　目的語

　　宾语是动词的连带成分，一般在动词后边。例如：
　目的語は動詞の対象語である。一般に動詞の後に置く。例えば、

　　① 我认识他。　　　② 他有一个哥哥。
　　③ 他是学生。

3. 定语　連体修飾語

定语一般都修饰名词。定语和中心语之间有时用结构助词"的",例如:王兰的朋友;有时不用,例如:我姐姐、好朋友(见第五课语法2)。

連体修飾語は一般に名詞を修飾する。連体修飾語と中心語の間に「王兰的朋友」のように「的」を用いる時もあり、「我姐姐」、「好朋友」のように「的」を使わない時もある(第5課の文法2を参照)。

4. 状语　連用修飾語

状语是用来修饰动词或形容词的。一般要放在中心语的前边。例如:

連用修飾語は動詞・形容詞を修飾するものである。一般に中心語の前に置く。例えば、

> ① 我很好。　　　　② 他们都来。
> ③ 他在家看电视。

三　练习　練習

1. 回答问题　次の問題に答えなさい

(1) 一年有几个月?一个月有几个星期?一个星期有几天(tiān,日)?

(2) 今天几月几号?明天星期几?星期天是几月几号?

(3) 你家有几口人?他们是谁?你妈妈工作不工作?你住在哪儿?你家离学校远不远?

2. 用下面的句子练习会话　下の文を使って会話の練習をしなさい

(1) 问候　あいさつ

> 你好!　　　　　　你早!　　　　　　你……身体好吗?
> 你好吗?　　　　　早上好!　　　　　他好吗?
> 你身体好吗?　　　你工作忙不忙?

复习（二）　復習（二）

（2）相识、介绍　知り合う、紹介する

> 您贵姓？　　　　　他姓什么？　　　　我介绍一下儿。
> 你叫什么名字？　　他是谁？　　　　　我叫……
> 你是——　　　　　　　　　　　　　　我是……
> 　　　　　　　　　　　　　　　　　　这是……
> 　　　　　　　　　　　　　　　　　　认识你很高兴。

（3）询问　尋ねる

A. 问时间　時間を聞く

> ……几月几号星期几？
> ……几点？
> 你的生日……？
> 你几点……？
> 你什么时候……？

B. 问路　道を尋ねる

> ……去哪儿？
> 去……怎么走？
> ……离这儿远吗？

C. 问住址　住所を聞く

> 你家在哪儿？
> 你住在哪儿？
> 你住在多少号房间？

D. 问家庭　家族のことを聞く

> 你家有几口人？
> 你家有什么人？
> 你家有谁？
> 你有……吗？
> 你……做什么工作？

3. 语音练习　発音練習

（1）声调练习：第二声+第二声　声調練習：第2声+第2声

　　tóngxué　　（同学）

　　nán tóngxué　　（男同学）

　　nán tóngxué lái　　（男同学来）

　　nán tóngxué lái wánr　　（男同学来玩儿）

（2）朗读会话　次の会話文を読みなさい

　　A: Yóujú lí zhèr yuǎn ma?

　　B: Bú tài yuǎn, jiù zài nàr.

　　A: Nà ge yóujú dà bu dà?

　　B: Hěn dà. Nǐ jì dōngxi ma?

　　A: Duì, hái mǎi míngxìnpiàn（はがき）.

四　阅读短文　次の短い文章を読みなさい

　　张丽英家有四口人：爸爸、妈妈、姐姐和她。

　　她爸爸是大夫，五十七岁了，身体很好。他工作很忙，星期天常常不休息。

　　她妈妈是银行职员，今年五十五岁。

　　她姐姐是老师，今年二月结婚了。她姐姐不住在爸爸妈妈家。

　　昨天是星期五，下午没有课。我们去她家了。她家在北京饭店旁边。我们到（dào，着く）她家的时候，她爸爸、妈妈不在家。我们和她一起谈话（tán huà，話をする）、听音乐、看电视……

　　五点半张丽英的爸爸、妈妈回家了。她姐姐也来了。我们在她家吃晚饭。晚上八点半我们就回学校了。

xūyào
需要（1）
必要

11 我要买橘子
私はみかんを買いたい

一 句子 基本文

061 您要什么？ 何を買いたいですか。
Nín yào shénme?

062 苹果多少钱一斤？①
Píngguǒ duōshao qián yì jīn?
リンゴは1斤いくらですか。

063 七块五（毛）② 一斤。
Qī kuài wǔ (máo) yì jīn.
1斤7元5角です。

064 您要多少？ どれくらい要りますか。
Nín yào duōshao?

065 您还要别的吗？ ほかに何か要りますか。
Nín hái yào bié de ma?

066 不要了。 もういいです。
Bú yào le.

067 我要买橘子。 私はみかんを買いたい。
Wǒ yào mǎi júzi.

068 您尝尝。 食べてみてください。
Nín chángchang.

二 会话 会话

1

售货员： 您要什么？
Shòuhuòyuán: Nín yào shénme?

大卫： 我要苹果。多少钱一斤？
Dàwèi: Wǒ yào píngguǒ. Duōshao qián yì jīn?

售货员： 七块五（毛）。
Shòuhuòyuán: Qī kuài wǔ (máo).

大卫： 那种呢？
Dàwèi: Nà zhǒng ne?

售货员： 九块三。
Shòuhuòyuán: Jiǔ kuài sān.

大卫： 要这种吧。
Dàwèi: Yào zhè zhǒng ba.

售货员： 要多少？
Shòuhuòyuán: Yào duōshao?

大卫： 两斤。
Dàwèi: Liǎng jīn.

售货员： 还要别的吗？
Shòuhuòyuán: Hái yào bié de ma?

大卫： 不要了。
Dàwèi: Bú yào le.

2

售货员: 您要买什么?
Shòuhuòyuán: Nín yào mǎi shénme?

玛丽: 我要买橘子。一斤多少钱?①
Mǎlì: Wǒ yào mǎi júzi. Yì jīn duōshao qián?

售货员: 六块八。
Shòuhuòyuán: Liù kuài bā.

玛丽: 太贵了。
Mǎlì: Tài guì le.

售货员: 那种便宜。
Shòuhuòyuán: Nà zhǒng piányi.

玛丽: 那种好不好?
Mǎlì: Nà zhǒng hǎo bu hǎo?

售货员: 您尝尝。
Shòuhuòyuán: Nín chángchang.

玛丽: 好,我要四个。
Mǎlì: Hǎo, wǒ yào sì ge.

售货员: 这是一斤半,八块五毛。还买
Shòuhuòyuán: Zhè shì yì jīn bàn, bā kuài wǔ máo. Hái mǎi

别的吗?
bié de ma?

玛丽: 不要了。
Mǎlì: Bú yào le.

注释　注釈

❶ 苹果多少钱一斤？　リンゴは1斤いくらですか。
（橘子）一斤多少钱？　みかん1斤いくらですか。
　　这两句的句意相同，都是询问一斤的价钱。只是前句侧重"多少钱"能买一斤；后句侧重"一斤"需要多少钱。
　　この二つ文の意味は同じで、二つとも一斤の値段を聞いている。しかし、前の文は「多少钱」に重点を置き、いくらで1斤が買えるかを問い、後の文は「一斤」に重点を置き、1斤を買うにはいくら必要であるかを聞いている。

❷ 七块五（毛）。　7元5角です。
　　人民币的计算单位是"元、角、分"，口语里常用"块、毛、分"，都是十进位。处于最后一位的"毛"或"分"可以省略不说。例如：
　　人民元の計算単位は「元、角、分」であるが、日常会話の時には「块、毛、分」をよく使う。どちらも十進法である。最後の「毛」あるいは「分」は省略できる。

　　1.30元 → 一块三　　2.85元 → 两块八毛五

三　替换与扩展　置き換えと広げる

替换　置き換え

（1）A：您要什么？
　　　B：我要 苹果。

看	汉语书
喝	（可口）可乐
听	录音
学习	汉语

（2）你尝尝。

| 看 | 听 | 问 |

（3）我要买橘子。

| 看电视 | 吃苹果 | 喝水 |
| 上网 | 发电子邮件 | |

11 我要买橘子 | 私はみかんを買いたい

扩展　広げる

(1) 我　常　去　百　货　大　楼　买　东　西。那　儿　的
　　Wǒ cháng qù Bǎihuò Dàlóu mǎi dōngxi. Nàr de

　　东　西　很　多，也　很　便　宜。
　　dōngxi hěn duō, yě hěn piányi.

(2) A：你要喝什么？
　　　Nǐ yào hē shénme?

　　B：有可乐吗？
　　　Yǒu kělè ma?

　　A：有。
　　　Yǒu.

　　B：要　两　瓶　吧。
　　　Yào liǎng píng ba.

四　生词　新出単語

1	要	yào	动/能愿	要る；（……し）たい
2	苹果	píngguǒ	名	りんご
3	钱	qián	名	お金
4	斤	jīn	量	重量単元（500グラム）
5	块（元）	kuài (yuán)	量	元
6	毛（角）	máo (jiǎo)	量	角
7	还	hái	副	ほかに，また
8	别的	bié de		ほかの（もの、こと）
9	橘子	júzi	名	みかん

10	尝	cháng	动	味わう、なめる
11	售货员	shòuhuòyuán	名	店員
12	种	zhǒng	量	種類
13	贵	guì	形	高い
14	便宜	piányi	形	安い
15	喝	hē	动	飲む
16	录音	lùyīn	名	録音
17	发	fā	动	出す、送信する
18	电子邮件	diànzǐ yóujiàn		電子メール
19	多	duō	形	多い
20	瓶	píng	名	ビン，～本

📍 专名　固有名詞

| （可口）可乐 | (Kěkǒu-) kělè | コカ・コーラー |

五　语法　文法

1. 语气助词"了"（1）　語気助詞「了」（1）

语气助词"了"有时表示情况有了变化。例如：
語気助詞の「了」は状況が変化したことを表すこともできる。例えば、

① 这个月我不忙了。（以前很忙）
② 现在他有工作了。（以前没有工作）

2. 动词重叠　重ね型動詞

汉语中某些动词可以重叠。动词重叠表示动作经历的时间短促或轻松、随便；有时也表示尝试。单音节动词重叠的形式是"AA"，例如：看看、听听、尝尝；双音节动词重叠的形式是"ABAB"，例如：休息休息、介绍介绍。

中国語には重ねて使える動詞がある。重ね型動詞はその行爲の継続時間が短いことを表したり、口調を柔らかくしたり、やってみることを表したりする。単音節の動詞の重ね型は「AA」式である。例えば「看看」、「听听」、「尝尝」などである。二音節の動詞の重ね型は「ABAB」式である。例えば「休息休息」、「介绍介绍」。

六　练　习　練習

1. 用汉语读出下列钱数　中国語で次の金額を読みなさい

| 6.54元 | 10.05元 | 2.30元 | 8.20元 | 42.52元 |
| 1.32元 | 9.06元 | 57.04元 | 100元 | 24.9元 |

2. 用动词的重叠式造句　下の動詞の重ね型を使って、文を作りなさい

 问 → 问问老师，明天上课吗？

介绍　　看　　听　　学习　　休息　　玩儿

3. 给括号中的词语选择适当的位置
　　括弧の中の言葉をそれぞれの文の入るべき場所に入れなさい

（1）我姐姐不去 A 书店 B。（了）

（2）他明天不来 A 上课 B。（了）

（3）您还 A 要 B 吗？（别的）

（4）这是两 A1 斤 B1，还 A2 买 B2 吗？（半，别的）

4. 完成对话　次の会話文を完成しなさい

（1）A：＿＿＿＿＿＿＿＿＿＿＿？

　　　B：一瓶可乐三块五毛钱。

（2）A：您买什么？

　　　B：＿＿＿＿＿＿＿＿＿＿＿＿＿＿。

　　A：您要多少？

　　　B：＿＿＿＿＿＿＿＿＿＿＿＿＿＿。一斤橘子多少钱？

　　A：＿＿＿＿＿＿＿＿＿＿＿＿＿＿。还要别的吗？

　　　B：＿＿＿＿＿＿＿＿＿＿＿＿＿＿。

5. 听后复述　聞いてから述べる

　　我要买汉语书，不知道去哪儿买。今天我问王兰，她说（shuō，言う），新华书店（Xīnhuá Shūdiàn，新華書店）有，那儿的汉语书很多。明天下午我去看看。

6. 语音练习　発音練習

（1）读下列词语：第二声+第三声　次の単語を読みなさい：第2声＋第3声

píjiǔ （啤酒）	píngguǒ （苹果）
yóulǎn （游览）	shíjiǔ （十九）
méi yǒu （没有）	jiéguǒ （结果）
máobǐ （毛笔）	tíngzhǐ （停止）
cídiǎn （词典）	shípǐn （食品）

（2）常用音节练习　常用音節練習

12 我想买毛衣
私はセーターを買いたい

一 句子 基本文

069 天冷了。 寒くなりました。
Tiān lěng le.

070 我想买件毛衣。① 私はセーターを買いたい。
Wǒ xiǎng mǎi jiàn máoyī.

071 星期天去，怎么样？
Xīngqītiān qù, zěnmeyàng?
日曜日に行くのはどうですか。

072 星期天人太多。 日曜日は人が多すぎます。
Xīngqītiān rén tài duō.

073 我看看那件毛衣。
Wǒ kànkan nà jiàn máoyī.
そのセーターを見せてください。

074 这件毛衣我可以试试吗？
Zhè jiàn máoyī wǒ kěyǐ shìshi ma?
このセーターを試着してもいいですか。

075 这件毛衣不大也不小。
Zhè jiàn máoyī bú dà yě bù xiǎo.
このセーターは大きくもないし、小さくもありません。

076 好极了！②　とてもいいです。
Hǎo jí le!

二　会话　会話

1

大卫：天冷了。我想买件毛衣。
Dàwèi: Tiān lěng le. Wǒ xiǎng mǎi jiàn máoyī.

玛丽：我也要买东西。我们什么时候去？
Mǎlì: Wǒ yě yào mǎi dōngxi. Wǒmen shénme shíhou qù?

大卫：星期天去，怎么样？
Dàwèi: Xīngqītiān qù, zěnmeyàng?

玛丽：星期天人太多。
Mǎlì: Xīngqītiān rén tài duō.

大卫：那明天下午去吧。
Dàwèi: Nà míngtiān xiàwǔ qù ba.

2

大卫：小姐，我看看那件毛衣。
Dàwèi: Xiǎojiě, wǒ kànkan nà jiàn máoyī.

售货员：好。
Shòuhuòyuán: Hǎo.

12 我想买毛衣　私はセーターを買いたい

大卫：我可以试试吗？
Dàwèi: Wǒ kěyǐ shìshi ma?

售货员：您试一下儿吧。
Shòuhuòyuán: Nín shì yíxiàr ba.

玛丽：这件太短了。③
Mǎlì: Zhè jiàn tài duǎn le.

售货员：您试试那件。
Shòuhuòyuán: Nín shìshi nà jiàn.

大卫：好，我再试一下儿。
Dàwèi: Hǎo, wǒ zài shì yíxiàr.

玛丽：这件不大也不小。
Mǎlì: Zhè jiàn bú dà yě bù xiǎo.

大卫：好极了，我就买这件。
Dàwèi: Hǎo jí le, wǒ jiù mǎi zhè jiàn.

注释　注釈

❶ 我想买件毛衣。私はセーターを買いたい。
　量词前的数词"一"如不在句首，可以省略。所以"买一件毛衣"可以说成"买件毛衣"。
　助数詞の前の数字「一」は文の最初に出ない限り省略できる。したがって「买一件毛衣」を「买件毛衣」と言ってもよい。

❷ 好极了！とてもいいです。
　"极了"用在形容词或某些状态动词后，表示达到最高程度。例如：累极了、高兴极了、喜欢（xǐhuan）极了。
　「极了」が形容詞、あるいは状態を表す動詞の後にあるとき、程度が最高であることを表す。例えば「累极了」、「高兴极了」、「喜欢（好き）极了」などである。

❸ 这件太短了。これは短かすぎます。
　句中省略了中心语"毛衣"。在语言环境清楚时，中心语可以省略。
　文の中心語「毛衣」は省略されている。文脈がはっきりしている時には中心語は省略できる。

三 替换与扩展　置き換えと広げる

替换　置き換え

(1) 我想买毛衣。

| 学习汉语 | 看电影 |
| 发短信 | 喝水 |

(2) 我看看那件毛衣。

写	课	生词
穿	件	衣服
尝	种	橘子

(3) 这件毛衣不大也不小。

| 件 | 衣服 | 长 | 短 |
| 课 | 生词 | 多 | 少 |

扩展　広げる

(1) 今天的工作很多，我累极了。
　　Jīntiān de gōngzuò hěn duō, wǒ lèi jí le.

(2) 那个电影不太好，我不想看。
　　Nà ge diànyǐng bú tài hǎo, wǒ bù xiǎng kàn.

(3) 请你介绍介绍北京吧。
　　Qǐng nǐ jièshào jièshào Běijīng ba.

12 我想买毛衣 私はセーターを買いたい

四 生词　新出単語

1	天	tiān	名	天気
2	冷	lěng	形	寒い
3	想	xiǎng	动/能愿	……したい
4	件	jiàn	量	枚（衣類を数える助数詞）
5	毛衣	máoyī	名	セーター
6	怎么样	zěnmeyàng	代	どうであるか
7	可以	kěyǐ	能愿	……てもよい
8	试	shì	动	試着する
9	大	dà	形	大きい
10	小	xiǎo	形	小さい
11	……极了	……jí le		とても，実に
12	小姐	xiǎojiě	名	お嬢さん（若い女性を呼ぶ時に使う）
13	短	duǎn	形	短い
14	再	zài	副	もう一度
15	短信	duǎnxìn	名	携帯電話で送る
16	生词	shēngcí	名	新出単語
17	穿	chuān	动	着る，穿く
18	衣服	yīfu	名	服
19	长	cháng	形	長い
20	少	shǎo	形	少ない

五 语法 文法

1. 主谓谓语句　主述述語文

由主谓短语作谓语的句子叫主谓谓语句。主谓短语的主语所指的人或事物常跟全句的主语有关。例如：

主述構造が述語として使われる文は主述述語文と呼ばれる。普通、主述構造の中に主語として使われている人や物事は文の全体の主語関係がある。例えば、

① 他身体很好。　　② 我工作很忙。
③ 星期天人很多。

2. 能愿动词　能願動詞

（1）能愿动词"想""要""可以""会"等常放在动词前边表示意愿、能力或可能。能愿动词的否定式是在能愿动词前加"不"。例如：

「想」、「要」、「可以」、「会」などのような動詞は能願動詞と呼ばれ、よく動詞の前に用い、願望・能力・可能性などを表す。能願動詞の前に「不」を入れると否定形が作られる。例えば、

① 他要买书。　　② 我想回家。
③ 可以去那儿。　　④ 我不想买东西。

（2）能愿动词"要"的否定形式常用"不想"。例如：

「不想」はよく能願動詞「要」の否定形として使う。例えば、

⑤ A：你要喝水吗？
　 B：我现在不想喝。

（3）带有能愿动词的句子，只要把能愿动词的肯定形式与否定形式并列起来，就构成了正反疑问句。例如：

能願動詞がある文は能願動詞の肯定形とその否定形を並べれば反復疑問文が作られる。例えば、

⑥ 你想不想去长城？　　⑦ 你会不会说汉语？

12 我想买毛衣　私はセーターを買いたい

六　练　习　練習

1. 填入适当的量词，然后用"几"或"多少"提问
　　空白に適当な助数詞を埋め、また「几」あるいは「多少」を使って質問の練習をしなさい

　　例 例えば　我要三_____橘子。→ 我要三斤橘子。你要几斤橘子？

　　（1）我想买一_____可乐。　　　→ _____
　　（2）我要买两_____衣服。　　　→ _____
　　（3）我家有五_____人。　　　　→ _____
　　（4）两个苹果要五_____六_____。→ _____
　　（5）这是六_____苹果。　　　　→ _____
　　（6）那个银行有二十五_____职员。→ _____
　　（7）这课有十七_____生词。　　→ _____

2. 选择适当的词语完成句子　適切な言葉を使って下の文を完成しなさい

　　| 不……也不……　　太……了　　……极了　　可以　　想 |

　　（1）这种_____，那种便宜，我买那种。
　　（2）我很忙，今天_____，想休息休息。
　　（3）这件衣服_____，你穿_____。
　　（4）今天不上课，我们_____。
　　（5）明天星期天，我_____。

3. 找出错误的句子并改正
　　下の各文の誤りを見出し、しかもそれを正しく訂正しなさい

　　（1）A：你要吃苹果吗？　　　（2）A：星期天你想去不去玩儿？
　　　　B：我要不吃苹果。　　　　　　B：我想去。你想不想去？

（3）A：请问，这儿能上不上网？　　（4）A：商店里人多吗？
　　　B：不能，这儿没有网。　　　　　　B：商店里很多人。

4. 谈你买的一件东西　あなたが買ったものを一つ言いなさい

   提示　多少钱？贵不贵？买的时候有几种？那几种怎么样？
   ヒント　いくらだったか。高いか安いか。買う時に店に何種類があったか。そのいくつかの種類はどうであったか。

5. 听后复述　聞いてから述べる

   A：这是张丽英买的毛衣。她穿太小，我穿太大，你试试怎么样。
   B：不长也不短，好极了。多少钱？
   A：不知道。不太贵。
   B：我们去问问丽英。
   A：现在她不在，下午再去问吧。

6. 语音练习　発音練習

   (1) 读下列词语：第二声+第四声　次の単語を読みなさい：第2声+第4声

yóupiào	（邮票）	yúkuài	（愉快）
tóngzhì	（同志）	xuéyuàn	（学院）
shíyuè	（十月）	qúnzhòng	（群众）
chéngdù	（程度）	guójì	（国际）
wénhuà	（文化）	dédào	（得到）

12 我想买毛衣 | 私はセーターを買いたい

(2) 常用音节练习　　常用音節練習

13 要换车
乗り換えが必要です

一 句子 基本文

077 这路车到天安门吗？
Zhè lù chē dào Tiān'ānmén ma?
このバスは天安門へ行きますか。

078 我买两张票。 切符を2枚ください。
Wǒ mǎi liǎng zhāng piào.

079 给你五块钱。 5元でお願いします。
Gěi nǐ wǔ kuài qián.

080 到天安门还有几站？
Dào Tiān'ānmén hái yǒu jǐ zhàn?
天安門まであといくつ停留所がありますか。

081 我会说一点儿汉语。
Wǒ huì shuō yìdiǎnr Hànyǔ.
私は少し中国語が話せます。

082 天安门到了。 天安門に着きました。
Tiān'ānmén dào le.

13 要换车 | 乗り換えが必要です

083 | 去语言大学要换车①吗？
Qù Yǔyán Dàxué yào huàn chē ma?
語言大学へ行くのに乗り換えが必要ですか。

084 | 换几路车？ 何番のバスに乗り換えますか。
Huàn jǐ lù chē?

二 会话 会话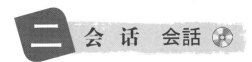

1

玛丽：请问，这路车到天安门吗？
Mǎlì: Qǐngwèn, zhè lù chē dào Tiān'ānmén ma?

售票员：到。上车吧。
Shòupiàoyuán: Dào. Shàng chē ba.

大卫：买两张票。多少钱一张？
Dàwèi: Mǎi liǎng zhāng piào. Duōshao qián yì zhāng?

售票员：两块。
Shòupiàoyuán: Liǎng kuài.

大卫：给你五块钱。
Dàwèi: Gěi nǐ wǔ kuài qián.

售票员：找你一块。
Shòupiàoyuán: Zhǎo nǐ yí kuài.

玛丽：请问，到天安门还有几站？
Mǎlì: Qǐngwèn, dào Tiān'ānmén hái yǒu jǐ zhàn?

A：三站。你们会说汉语？②
Sān zhàn. Nǐmen huì shuō Hànyǔ?

大卫： 会 说 一 点 儿。
Dàwèi： Huì shuō yìdiǎnr.

玛丽： 我 说 汉 语， 你 懂 吗？
Mǎlì： Wǒ shuō Hànyǔ, nǐ dǒng ma?

A： 懂。你们是哪国人？
Dǒng. Nǐmen shì nǎ guó rén?

大卫： 我 是 法 国 人。
Dàwèi： Wǒ shì Fǎguó rén.

玛丽： 我 是 美 国 人。
Mǎlì： Wǒ shì Měiguó rén.

售票员： 天 安 门 到 了， 请 下 车。
Shòupiàoyuán： Tiān'ānmén dào le, qǐng xià chē.

2

大卫： 我 买 一 张 票。
Dàwèi： Wǒ mǎi yì zhāng piào.

售票员： 去 哪 儿？
Shòupiàoyuán： Qù nǎr?

大卫： 去 语 言 大 学。要 换 车 吗？
Dàwèi： Qù Yǔyán Dàxué. Yào huàn chē ma?

售票员： 要 换 车。
Shòupiàoyuán： Yào huàn chē.

大卫： 在 哪 儿 换 车？
Dàwèi： Zài nǎr huàn chē?

售票员： 北 京 师 范 大 学。
Shòupiàoyuán： Běijīng Shīfàn Dàxué.

大卫： 换 几 路 车？
Dàwèi： Huàn jǐ lù chē?

13 要换车　乗り換えが必要です

售票员：换 3 3 1 路。
Shòupiàoyuán： Huàn sān sān yāo lù.

大卫：一 张 票 多少 钱？
Dàwèi： Yì zhāng piào duōshao qián?

售票员：两 块。
Shòupiàoyuán： Liǎng kuài.

大卫：谢谢！
Dàwèi： Xièxie!

售票员：不谢。
Shòupiàoyuán： Bú xiè.

注释　注釈

❶ 要换车。　乗り換えが必要です。
　能愿动词"要"在这里表示事实上的需要。
　「要」は能願動詞で、ここでは実際に必要であることを表す。

❷ 你们会说汉语？　あなたたちは中国語が話せますか。
　句末用升调，表示疑问语气。
　文末は上がり調子に読み、質問の語気を表す。

三　替换与扩展　置き換えと広げる

📍 替换　置き換え

（1）买两<u>张</u> <u>票</u>。

杯	可乐	张	地图
斤	橘子	个	苹果

（2）给你五块钱。

他	本	书
我	个	本子
你	杯	饮料
你	个	橘子

（3）A：你是哪国人？
　　B：我是法国人。

| 中国 | 美国 | 韩国 | 英国 |
| 日本 | 印度尼西亚 | | |

📍 扩展　広げる

A：你们会说英语吗？
　　Nǐmen huì shuō Yīngyǔ ma?

B：他会说一点儿，我不会。
　　Tā huì shuō yìdiǎnr, wǒ bú huì.

四　生词　新出単語

1	路	lù	名	番
2	到	dào	动	着く
3	张	zhāng	量	枚（紙、皮など平らなものを数える助数詞）
4	票	piào	名	切符
5	给	gěi	动/介	与える，あげる
6	站	zhàn	名	バス停，駅
7	会	huì	能愿/动	……ことができる

13 要换车 | 乗り換えが必要です

8	说	shuō	动	話す，言う
9	一点儿	yìdiǎnr	数量	少し
10	换	huàn	动	乗り換える
11	售票员	shòupiàoyuán	名	（バスの）切符を売る人
12	上（车）	shàng (chē)	动	乗る
13	找	zhǎo	动	（おつりを）出す
14	懂	dǒng	动	分かる
15	哪	nǎ	代	どの
16	国	guó	名	国
17	下（车）	xià (chē)	动	（バスを）降りる
18	杯	bēi	名	コップ
19	地图	dìtú	名	地図
20	本	běn	量	冊（書類・ノート類を数える助数詞）
21	本子	běnzi	名	ノート

📍 专名　固有名詞

1	法国	Fǎguó	フランス
2	北京师范大学	Běijīng Shīfàn Dàxué	北京師範大学
3	中国	Zhōngguó	中国
4	韩国	Hánguó	韓国
5	英国	Yīngguó	イギリス
6	日本	Rìběn	日本
7	印度尼西亚	Yìndùníxīyà	インドネシア

五 语 法　文法

1. 双宾句　二重目的語文

　　汉语中某些动词可以带两个宾语，前一个是间接宾语（一般指人），后一个是直接宾语（一般指事物）。这种句子叫双宾句。例如：
　　中国語は動詞によっては目的語を二つ持つこともできる。前にある目的語は（一般に人を指す）間接目的語であり、後にある目的語は（一般に事物を指す）直接目的語である。このような文は二重目的語文と呼ばれる。例えば、

　　① 我给你一本书。　　　② 他找我八毛钱。

2. 能愿动词"会"　能願動詞「会」

　　能愿动词"会"可以表示几种不同的意思。常用的有以下两种：
　　能願動詞「会」はいくつかの意味を表す。よく次の二つの意味として使われる。

（1）通过学习掌握了某种技巧。例如：
学んで技能を獲得していること。例えば、

　　① 他会说汉语。　　　② 我不会做中国饭。

（2）表示可能性。例如：
可能性を表す。例えば、

　　③ A：他会来吗？
　　　 B：现在九点半了，他不会来了。

3. 数量词作定语　連体修飾語としての数量詞

　　在现代汉语里，数词一般不能直接修饰名词，中间必须加上特定的量词。例如：
　　現代中国語では一般に数詞は直接、名詞を修飾することができない。数詞名詞を間に特定の助数詞を入れなければならない。例えば、

　　两张票　　三个本子　　五个学生

六 练习　練習

1. 熟读下列短语并选择五个造句
　　下の連語をよく読み、中から五つを選んで文を作りなさい

| 给你　　　　找钱　　　　吃（一）点儿　　　　说英语 |
| 发短信　　　穿衣服　　　坐车　　　　　　　　去商店 |

2. 用"在""往""去"完成句子
　　「在」、「往」、「去」を使って次の文を完成しなさい

（1）大卫＿＿＿＿＿＿＿＿＿＿＿＿＿＿学习汉语。

（2）我去王府井，不知道＿＿＿＿＿＿＿＿＿＿＿＿坐车。

（3）＿＿＿＿＿＿＿＿＿＿＿＿走，就是331路车站。

（4）请问，＿＿＿＿＿＿＿＿＿＿＿＿怎么走？

（5）我＿＿＿＿＿＿＿＿＿＿＿＿，欢迎你来玩儿。

3. 完成对话　次の会話文を完成しなさい

（1）A：你会说汉语吗？

　　　B：＿＿＿＿＿＿＿＿＿＿＿＿＿。（一点儿）

（2）A：＿＿＿＿＿＿＿＿＿＿＿＿？（多少）

　　　B：一张票四块钱。

　　　A：给你十块。

　　　B：＿＿＿＿＿＿＿＿＿＿＿＿＿。（找）

（3）A：现在晚上九点半了，他会来吗？

　　　B：＿＿＿＿＿＿＿＿＿＿＿＿。（不）

4. 根据句中的画线部分，把句子改成用疑问代词提出问题的问句
次の文中の下線部について、疑問代名詞を使って疑問文を作りなさい

（1）山下和子是<u>日本</u>留学生。 →

（2）我有<u>三</u>个本子、<u>两</u>本书。 →

（3）<u>我</u>认识大卫的妹妹。 →

（4）今天晚上我<u>去看电影</u>。 →

（5）我在<u>天安门</u>坐车。 →

（6）他爸爸的身体<u>好极了</u>。 →

5. 听后复述　聞いてから述べる

　　我认识一个中国朋友，他在北京大学学习。昨天我想去看他。我问刘京去北京大学怎么走。刘京说，北京大学离这儿很近，坐375路公共汽车可以到。我就去坐375路公共汽车。

　　375路车站就在前边。车来了，我问售票员，去不去北京大学。售票员说去，我很高兴，就上车了。

6. 语音练习　発音練習

（1）读下列词语：第二声+轻声　次の单语を読みなさい：第2声+軽声			
bié de	（别的）	pútao	（葡萄）
nán de	（男的）	lái le	（来了）
chuán shang	（船上）	júzi	（橘子）
máfan	（麻烦）	shénme	（什么）
tóufa	（头发）	liángkuai	（凉快）

(2) 常用音节练习　常用音節練習

liang
- liángkuai（凉快）
- liǎng ge（两个）
- yuèliang（月亮）

lao
- dǎlāo（打捞）
- láodòng（劳动）
- lǎoshī（老师）

14 我要去换钱
私は両替に行きたい

xūyào
需要（4）
必要

一 句子 基本文

085 钱都花了。 お金は全部使いはてた。
Qián dōu huā le.

086 听说饭店里可以换钱。
Tīngshuō fàndiàn li kěyǐ huàn qián.
ホテルの中で両替できるそうです。

087 这儿能不能换钱？
Zhèr néng bu néng huàn qián?
ここは両替ができますか。

088 您带的什么钱？
Nín dài de shénme qián?
どんなお金をお持ちですか。

089 请您在这儿写一下儿钱数。
Qǐng nín zài zhèr xiě yíxiàr qián shù.
ここに金額を書いてください。

090 请数一数。① 数えてください。
Qǐng shǔ yi shǔ.

14 我要去换钱 | 私は両替に行きたい

091 | 时间不早了。 Shíjiān bù zǎo le. 時間も遅くなりました。

092 | 我们快走吧！ Wǒmen kuài zǒu ba! 早く行きましょう。

二 会话 会話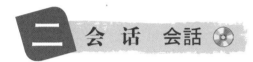

1

玛丽： 钱都花了，我没钱了。我要去换钱。
Mǎlì: Qián dōu huā le, wǒ méi qián le. Wǒ yào qù huàn qián.

大卫： 听说饭店里可以换钱。
Dàwèi: Tīngshuō fàndiàn li kěyǐ huàn qián.

玛丽： 我们去问问吧。
Mǎlì: Wǒmen qù wènwen ba.

2

玛丽： 请问，这儿能不能换钱？
Mǎlì: Qǐngwèn, zhèr néng bu néng huàn qián?

营业员： 能。您带的什么钱？
Yíngyèyuán: Néng. Nín dài de shénme qián?

玛丽： 美元。
Mǎlì: Měiyuán.

营业员： 换多少？
Yíngyèyuán: Huàn duōshao?

必要 121

玛丽：五百美元。一美元换多少人民币？
Mǎlì: Wǔbǎi měiyuán. Yì měiyuán huàn duōshao rénmínbì?

营业员：六块一毛九。请您在这儿写一下儿钱数，
Yíngyèyuán: Liù kuài yī máo jiǔ. Qǐng nín zài zhèr xiě yíxiàr qián shù,

在这儿写一下儿名字。
zài zhèr xiě yíxiàr míngzi.

玛丽：这样写，对不对？
Mǎlì: Zhèyàng xiě, duì bu duì?

营业员：对。给您钱，请数一数。
Yíngyèyuán: Duì. Gěi nín qián, qǐng shǔ yi shǔ.

玛丽：谢谢！
Mǎlì: Xièxie!

大卫：时间不早了，我们快走吧！
Dàwèi: Shíjiān bù zǎo le, wǒmen kuài zǒu ba!

> **注释　注釈**
>
> ❶ 请数一数。 数えてください。
>   "数一数"与"数数"意思相同。单音节动词重叠，中间可加"一"。例如：听一听、问一问。
>   「数一数」は「数数」と同じ意味である。単音節の動詞が重なる時には真ん中に「一」を入れることができる。例えば「听一听」、「问一问」などである。

  替换与扩展　置き換えと広げる

● 替换　置き換え

（1）听说饭店里可以换钱。

| 他回国了 |
| 大卫会说汉语 |
| 小王会一点儿英语 |

14 我要去换钱　私は両替に行きたい

（2）请您写一下儿钱数。　▶◀

问	电话号码
念	生词
写	这个汉字
等	玛丽

（3）我们快走吧！　▶◀

你	来
你们	去
我们	吃
玛丽	写

📍 扩展　広げる

（1）没 有 时 间 了，不 等 他 了。
　　Méi yǒu shíjiān le, bù děng tā le.

（2）这 是 他 的 信。请 你 给 他。
　　Zhè shì tā de xìn. Qǐng nǐ gěi tā.

四　生词　新出単語 🔈

1	花	huā	动	使う，かかる
2	听说	tīngshuō	动	聞くところによれば……だそうだ
3	饭店	fàndiàn	名	ホテル
4	里	li	名	中
5	能	néng	能愿	……できる

汉语会话 301 句 上册

6	带	dài	动	携帯する，持つ
7	数	shù	名	数字
8	数	shǔ	动	数える
9	时间	shíjiān	名	時間
10	快	kuài	形	速い
11	营业员	yíngyèyuán	名	店員
12	美元	měiyuán	名	米ドル
13	百	bǎi	数	百
14	人民币	rénmínbì	名	中国の法定貨幣
15	这样	zhèyàng	代	このように
16	电话	diànhuà	名	電話
17	号码	hàomǎ	名	番号
18	念	niàn	动	（声を出しで）読む
19	汉字	Hànzì	名	漢字
20	等	děng	动	待つ

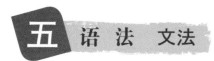

五 语 法　文法

1. 兼语句　兼語文

谓语由两个动词短语组成，前一个动词的宾语同时又是后一个动词的主语，这种句子叫兼语句。兼语句的动词常常是带有使令意义的动词，如"请""让（ràng）""叫"等。例如：

述語が二つの動詞構造からなっていて、前の動詞の目的語が後の動詞の主語にもなっている文は兼語文と呼ばれる。兼語文には使役の意味を持つ「请」、「让（……するようにいう）」、「叫」などの動詞がよく使われる。例えば、

① 请您写一下儿名字。　　② 请他吃饭。

2. 语气助词"了"（2）　語気助詞「了」(2)

（1）有时"了"表示某件事或某种情况已经发生。试比较下面两组对话：
「了」は物事や状況がすでに発生したことを表すこともできる。次の二組の会話文を比較してみよう。

① A：你去哪儿？　　　　　　② A：你去哪儿了？
　B：我去商店。　　　　　　　B：我去商店了。
　A：你买什么？　　　　　　　A：你买什么了？
　B：我买苹果。　　　　　　　B：我买苹果了。

第 ① 组对话没用"了"，表示"去商店""买苹果"这两件事尚未发生；第 ② 组用"了"，表示这两件事已经发生了。
①の会話は「了」を使っていないので「去商店」、「买苹果」の二つの動作がまだ発生していないことを表す。②の会話は「了」を使っているので、この二つの動作がすでに発生していることを表す。

（2）带语气助词"了"的句子，其否定形式是在动词前加副词"没（有）"，去掉句尾的"了"。正反疑问句是在句尾加上"……了没有"，或者并列动词的肯定形式和否定形式"……没……"。例如：
語気助詞「了」がある文は動詞の前に「没（有）」を入れて、文末の「了」を取ると否定形になる。文末に「……了没有」をつけたり、あるいは動詞の肯定形と「没」を用いる否定形を並べたりすると、反復疑問文になる。例えば、

③ 他没去商店。　　　　　　④ 我没买苹果。
⑤ 你吃饭了没有？　　　　　⑥ 你吃没吃饭？

六 练习 練習

1. 用"要""想""能""会""可以"和括号中的词语完成句子
「要」、「想」、「能」、「会」、「可以」と括弧の中の単語を使って次の文を完成しなさい

(1) 明天我有课，＿＿＿＿＿＿＿＿＿＿＿。（玩儿）

(2) 听说那个电影很好，＿＿＿＿＿＿＿＿＿＿＿。（看）

(3) 你＿＿＿＿＿＿＿＿＿＿＿吗？（说）

(4) 这个本子不太好，＿＿＿＿＿＿＿＿＿＿＿？（换）

(5) 现在我＿＿＿＿＿＿＿＿＿＿＿，请你明天再来吧。（上课）

2. 用"再""可以""会""想"填空
「再」、「可以」、「会」、「想」を使って穴埋めしなさい

　　这个汉字我不＿＿＿＿＿写。张老师说，我＿＿＿＿＿去问他。我＿＿＿＿＿明天去。大卫说，张老师很忙，明天不要（búyào，…しないで下さい）去，星期天＿＿＿＿＿去吧。

3. 改正下面的错句　次の文の誤りを正しく直してください

(1) 昨天我没给你发短信了。　→＿＿＿＿＿＿＿＿＿＿＿

(2) 他常常去食堂吃饭了。　→＿＿＿＿＿＿＿＿＿＿＿

(3) 昨天的生词很多了。　→＿＿＿＿＿＿＿＿＿＿＿

(4) 昨天我不去商店，明天我去商店了。→＿＿＿＿＿＿＿＿＿＿＿

4. 完成对话　次の会話文を完成しなさい

(1) A：＿＿＿＿＿＿＿＿＿＿＿？

B：我去朋友家了。

A：＿＿＿＿＿＿＿＿＿＿＿？

B：现在我回学校。

（2）A：_____，好吗？

　　B：好。你等一下儿，我去换件衣服。

　　A：_____。

　　B：这件衣服_____？

　　A：很好，我们走吧。

5. 听后复述　聞いてから述べる

和子想换钱。她听说学校的银行能换，就去了。营业员问她带的什么钱，要换多少，还说要写一下儿钱数和名字。和子都写了。换钱的时候，和子对营业员说："对不起，我忘（wàng，忘れる）带钱了。"

6. 语音练习　発音練習

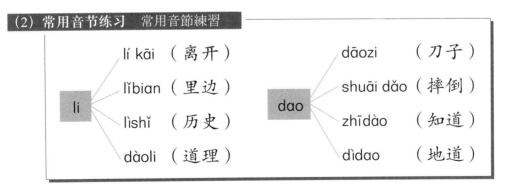

需要（5）
xūyào
必要

15 我要照张相
私は写真を撮りたい

一 句子 基本文

093 这是新出的明信片。
Zhè shì xīn chū de míngxìnpiàn.
これは新しく出たはがきです。

094 还有好看的吗? このほかにきれいなのがありますか。
Hái yǒu hǎokàn de ma?

095 这几种怎么样?①
Zhè jǐ zhǒng zěnmeyàng?
これらの種類はどうですか。

096 请你帮我挑几种。
Qǐng nǐ bāng wǒ tiāo jǐ zhǒng.
いくつか選んでくださいませんか。

097 一种买一套吧。
Yì zhǒng mǎi yí tào ba.
それぞれ1セットずつ買いましょう。

098 手机没电了。携帯の電池が切れました。
Shǒujī méi diàn le.

15 我要照张相 | 私は写真を撮りたい

099 | 你打通电话了吗？
Nǐ dǎ tōng diànhuà le ma?
電話がつながりましたか。

100 | 她关机了。 彼女は携帯電話の電源が切れました。
Tā guān jī le.

二 会话 会話

1（在邮局）

和子: 有明信片吗？
Hézǐ: Yǒu míngxìnpiàn ma?

营业员: 有，这是新出的。
Yíngyèyuán: Yǒu, zhè shì xīn chū de.

和子: 还有好看的吗？
Hézǐ: Hái yǒu hǎokàn de ma?

营业员: 你看看，这几种怎么样？
Yíngyèyuán: Nǐ kànkan, zhè jǐ zhǒng zěnmeyàng?

和子: 请你帮我挑几种。
Hézǐ: Qǐng nǐ bāng wǒ tiāo jǐ zhǒng.

营业员: 我看这四种都很好。
Yíngyèyuán: Wǒ kàn zhè sì zhǒng dōu hěn hǎo.

和子: 那一种买一套吧。
Hézǐ: Nà yì zhǒng mǎi yí tào ba.

营业员: 还买别的吗？
Yíngyèyuán: Hái mǎi bié de ma?

和子: 不买了。
Hézǐ: Bù mǎi le.

2

和子：这个公园不错。
Hézǐ: Zhè ge gōngyuán búcuò.

张丽英：那种花儿真好看，我要照张相。
Zhāng Lìyīng: Nà zhǒng huār zhēn hǎokàn, wǒ yào zhào zhāng xiàng.

和子：给玛丽打个电话，叫她也来吧。
Hézǐ: Gěi Mǎlì dǎ ge diànhuà, jiào tā yě lái ba.

张丽英：哎呀，我的手机没电了。
Zhāng Lìyīng: Āiyā, wǒ de shǒujī méi diàn le.

和子：我打吧。
Hézǐ: Wǒ dǎ ba.

张丽英：好。我去买点儿饮料。
Zhāng Lìyīng: Hǎo. Wǒ qù mǎi diǎnr yǐnliào.

……

张丽英：你打通电话了吗？
Zhāng Lìyīng: Nǐ dǎ tōng diànhuà le ma?

和子：没打通，她关机了。
Hézǐ: Méi dǎ tōng, tā guān jī le.

注释　注釈

❶ **这几种怎么样？** これらの種類はどうですか。

　　这里的"几"不是提问，而是表示概数——10以下的不确定的数目。例如：我有十几张明信片、教室里有几十个学生。

　　ここの「几」は質問するのではなく、概数つまり10以下の不定数を表す。例えば「我有十几张明信片」、「教室里有几十个学生」などである。

替换与扩展　置き換えと広げる

替换　置き換え

（1）这是新出的明信片。

| 买 | 照相机 | 买 | 电脑 |
| 做 | 衣服 | 来 | 老师 |

（2）请你帮我挑几种明信片。

交	几元	电话费
找	几本	书
试	几件	毛衣
拿	几个	东西

（3）你打通电话了吗？

吃	完	饭
看	完	那本书
找	到	玛丽
买	到	电脑

扩展　広げる

（1）我　给　他　发　电子　邮件。
　　　Wǒ gěi tā fā diànzǐ yóujiàn.

（2）我　给　东京　的　朋友　打　电话。我　说　汉语，他
　　　Wǒ gěi Dōngjīng de péngyou dǎ diànhuà. Wǒ shuō Hànyǔ, tā

　　不　懂；说　英语，他　听　懂　了。
　　bù dǒng; shuō Yīngyǔ, tā tīng dǒng le.

四 生词 新出単語

1	新	xīn	形	新しい
2	出	chū	动	出る，出版する
3	明信片	míngxìnpiàn	名	はがき
4	好看	hǎokàn	形	きれいな
5	帮	bāng	动	手伝う，助ける
6	挑	tiāo	动	選ぶ
7	套	tào	量	セット，組
8	电	diàn	名	電気，電池
9	打	dǎ	动	（電話を）かける
10	通	tōng	动	通じる
11	关机	guān jī		携帯の電源を切る
12	不错	búcuò	形	なかなかいい
13	真	zhēn	形/副	本当だ；実に
14	照相	zhào xiàng		写真を撮る
	照	zhào	动	（写真を）撮る
15	哎呀	āiyā	叹	あら
16	照相机	zhàoxiàngjī	名	カメラ
17	交	jiāo	动	支払う
18	费	fèi	名/动	費用，料金；費す
19	拿	ná	动	持つ，手に取る
20	完	wán	动	終える，完了する
21	找	zhǎo	动	見つかる，捜し出す

15 我要照张相 私は写真を撮りたい

📍 **专名　固有名詞**

| 东京 | Dōngjīng | 東京 |

五　语法　文法

1. "是"字句（2）「是」文(2)

名词、代词、形容词等后面加助词"的"组成"的"字结构，它具有名词的性质和作用，可独立使用。这种"的"字结构常出现在"是"字句里。例如：

名詞・代名詞・形容詞などの後に助詞の「的」をつけると「的」構造になる。「的」構造は名詞としての性質と働きを持ち、単独に使うことができる。このような「的」構造はよく「是」文の中に出ている。例えば、

① 这个本子是我的。　　② 那套邮票是新的。
③ 这件毛衣不是玛丽的。

2. 结果补语　結果補語

（1）说明动作结果的补语叫结果补语。结果补语常由动词或形容词充任。例如：打通、写对。

動作・行為の結果を示す成分は結果補語と呼ばれる。動詞や形容詞がよく結果補語として使われる。例えば「打通」、「写对」などである。

（2）动词"到"作结果补语，表示人或运行的器物通过动作到达某个地点或动作持续到某个时间，也可以表示动作进行到某种程度。例如：

動詞「到」は結果補語として使われる時、人や物が動作・行為によって、ある場所に到着することやある動作がある時間まで続くことを表す。また、物事がどの程度まで進んでいるかなどを表す。例えば、

① 他回到北京了。　　② 我们学到第十五课了。
③ 她昨天晚上工作到十点。

（3）带结果补语的句子的否定式是在动词前加"没（有）"。例如：
結果補語がある文は動詞の前に「没（有）」を入れると否定形になる。例えば、

④ 我没买到那本书。　　⑤ 大卫没找到玛丽。

3. 介词"给"　前置詞「给」

介词"给"可以用来引出动作、行为的接受对象。例如：
前置詞である「给」は、動作や行為を受ける対象を表すことができる。例えば、

① 昨天我给你打电话了。　② 他给我做衣服。

六 练习　練習

1. 熟读下列短语，每组选择一个造句
下の連語をよく読み、各組から一つを選んで文を作りなさい

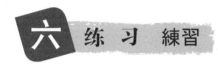

2. 仿照例句改写句子（用上适当的量词）
例文にならって文を書き直しなさい（適切な助数詞を使うこと）

例 例えば　这是一件新毛衣。→ 这件毛衣是新的。

（1）这是妹妹的电脑。→ _____

（2）那是一本新书。→ _____

（3）这是大卫的照相机。→ _____

（4）这是一个日本电影。→ _____

3. 选择适当的词语完成句子　適切な言葉を使って下の文を完成しなさい

| 真　　交　　完　　通 |

（1）我的钱 _____，我要去换钱。

（2）这个月的手机费你 _____ 吗?

（3）我给玛丽打电话，没 _____，明天再打。

（4）这种 _____，我也想买。

4. 完成对话　次の会話文を完成しなさい

（1）A：你找什么?

　　　B：_____。

　　　A：你的书是新的吗?

　　　B：_____。

（2）A：_____?

　　　B：我没有。你有明信片吗?

　　　A：有。

　　　B：_____?

　　　A：对，是新出的。

（3）A：这个照相机是谁的?

　　　B：_____。

　　　A：_____?

　　　B：对。你看，很新。

5. 听后复述　聞いてから述べる

这个照相机是大卫新买的。昨天北京大学的两个中国学生来玩儿，我们一起照相了。北京大学的朋友说，星期天请我们去玩儿。他们在北大东门（dōngmén，東門）等我们。我们去的时候，先（xiān，まず）给他们打电话。

6. 语音练习　発音練習

(1) 读下列词语：第三声+第二声　次の単語を読みなさい：第3声+第2声

yǔyán	（语言）	yǐqián	（以前）
yǒumíng	（有名）	qǐ chuáng	（起床）
lǚxíng	（旅行）	Měiguó	（美国）
hěn cháng	（很长）	jǔxíng	（举行）
jiǎnchá	（检查）	zǎochá	（早茶）

(2) 常用音节练习　常用音節練習

zhong — fēnzhōng（分钟）／yì zhǒng（一种）／zhòngyào（重要）

zi — zǐxì（仔细）／Hànzì（汉字）／zhuōzi（桌子）

复习（三）

復習（三）

一 会话 会話

1

〔小李听见有人敲门（qiāo mén，ドアをたたく），去开门（kāi mén，門を開ける）〕

李：谁啊？

王：小李，你好！

卫：我们来看你了。

李：是你们啊！快请进！……请坐，请喝茶（chá，お茶）。

王、卫：谢谢！

李：你们怎么找到这儿的？

王：小马带我们来的。

卫：小马的奶奶家离这儿很近。他去奶奶家，我们就和他一起来了。

李：你们走累了吧？

王：不累。我们下车以后（yǐhòu，……てから）很快就找到了这个楼。

卫：你家离你工作的地方很远吧？

李：不远，坐18路车就可以到那儿。你们学习忙吧？

王：很忙，每天（měi tiān，毎日）都有课，作业（zuòyè，宿題）也很多。

卫：今天怎么你一个人在家？你爸爸、妈妈呢？

李：我爸爸、妈妈的一个朋友要去美国，今天他们去看那个朋友了。

王：啊（à, アッ），十一点半了，我们去饭店吃饭吧。

李：到饭店去吃饭要等很长时间，也很贵，就在我家吃吧。我还要请你们尝尝我的拿手（náshǒu, 得意な）菜呢！

王、卫：太麻烦（máfan, 手数をかける）你了！

二 语法 文法

能愿动词小结　能願動詞の結び

1. 想

表示主观上的意愿，侧重"打算、希望"。例如：
主観的な願望を表し、「……するつもり」、「……したい」の意味に重きをおく。例えば、

> A：你想去商店吗？
>
> B：我不想去商店，我想在家看电视。

2. 要

（1）表示主观意志上的要求。否定式是"不想"。例如：
主観的に「……したい」という意志があることを表す。否定形は「不想」である。例えば、

> ① 我要买件毛衣。
>
> ② A：你要看这本书吗？
>
>   B：我不想看，我要看那本杂志。

（2）表示客观事实上的需要。否定式常用"不用"。例如：
客観的に「……する必要がある」ことを表す。否定形は普通「不用」を用いる。例えば、

> ③ A：要换车吗？
>
>   B：要换车（不用换车）。

3. 会

（1）表示通过学习掌握一种技能。例如：
学習によって技能・技術を獲得していることを表す。例えば、

> ① 他会说汉语。　　　　　② 我不会做菜。

（2）表示可能性。例如：
可能性があることを表す。例えば、

> ③ A：现在十点了，他不会来了吧？
> 　B：别着急（bié zháojí，あせらないで），他会来的。

4. 能

（1）表示具有某种能力。例如：
能力を有することを表す。例えば、

> ① 大卫能用汉语谈话（tán huà，話をする）。

（2）也可表示客观上的允许。例如：
客観的に条件が満たされているとを表す。例えば、

> ② A：你明天上午能来吗？
> 　B：不能来，明天我有事。

5. 可以

表示客观或情理上许可。例如：
客観的に可能であることや条件が調っていることを表す。例えば、

> ① A：我们可以走了吗？
> 　B：可以。
>
> ② A：我们可以在这儿玩儿吗？
> 　B：不行（xíng，よろしい），这儿要上课。

三 练习 練習

1. 用动词"给"和下面的词语造双宾句
   動詞「给」と次の単語を使って二重目的語文を作りなさい

   本子　　词典　　钱　　明信片　　苹果

2. 回答问题　次の問題に答えなさい

   （1）这本书生词多吗？

   （2）你的词典是新的吗？那本书是谁的？

   （3）你会说汉语吗？你会不会写汉字？

3. 用下面的句子练习会话　下の文を使って会話の練習をしなさい

   （1）买东西　買い物

   你要买什么？　　　　请问，有……吗？
   要多少？　　　　　　一斤多少钱？
   还要别的吗？　　　　多少钱一斤？
   请先交钱。　　　　　在这儿交钱吗？
   找你……钱。　　　　在哪儿交钱？
   请数一数。　　　　　给你钱。

   （2）坐车　バスに乗る

   这路车到……吗？　　我去……
   到……还有几站？　　买……张票。
   一张票多少钱？　　　在……上的。
   在哪儿换车？　　　　在……下车。
   换几路车？

（3）换钱　　两替え

> 这儿能换钱吗？　　　　你带的什么钱？
> ……能换多少人民币？　换多少？
> 　　　　　　　　　　　请写一下儿钱数和名字。

4. 语音练习　　発音練習

（1）声调练习：第四声+第三声　　声調練習：第4声＋第3声

Hànyǔ　　（汉语）

huì jiǎng Hànyǔ　　（会讲汉语）

Dàwèi huì jiǎng Hànyǔ　　（大卫会讲汉语）

（2）朗读会话　　次の会話文を読みなさい

A: Nǐ lěng ma?　　　　　　B: Yǒudiǎnr lěng.

A: Gěi nǐ zhè jiàn máoyī.　　B: Wǒ shìshi.

A: Bú dà yě bù xiǎo.　　　　B: Shì a. Xièxie!

四　阅读短文　　次の短い文章を読みなさい

　　我跟大卫说好（shuō hǎo，約束する）星期天一起去买衣服。

　　星期天，我很早就起床了。我家离商店不太远。九点半坐车去，十点就到了。买东西的人很多。我在商店前边等大卫。等到十点半，大卫还没有来，我就先进去（xiān jìn qu，先に中へ入ります）了。

　　那个商店很大，东西也很多。我想买毛衣，售货员说在二层，我就上楼了。

　　这儿的毛衣很好看，也很贵。有一件毛衣我穿不长也不短。我去交钱的时候，大卫来了。他说："坐车的人太多了，我来晚了，真对不起（duìbuqǐ，すみません）。"我说："没什么。"我们就一起去看别的衣服了。

16 你看过京剧吗
京劇を観たことがありますか

相约（1） xiāngyuē 約束

一 句子　基本文

101 你看过京剧吗？
Nǐ kàn guo jīngjù ma?
京劇を観たことがありますか。

102 我没看过京剧。
Wǒ méi kàn guo jīngjù.
京劇を観たことがありません。

103 你知道哪儿演京剧吗？
Nǐ zhīdào nǎr yǎn jīngjù ma?
どこで京劇を公演しているか知っていますか。

104 你买到票以后告诉我。
Nǐ mǎi dào piào yǐhòu gàosu wǒ.
切符を買ったら教えてください。

105 我还没吃过北京烤鸭呢！
Wǒ hái méi chī guo Běijīng kǎoyā ne!
北京ダックをまだ食べたことがありません。

106 我们应该去尝一尝。
Wǒmen yīnggāi qù cháng yi cháng.
一度食べてみたほうがいいです。

16 你看过京剧吗 京劇を観たことがありますか

107 不行。 だめです。
Bù xíng.

108 有朋友来看我。
Yǒu péngyou lái kàn wǒ.
友達が訪ねてくるのです。

二 会话 会話

1

玛丽：你看过京剧吗？
Mǎlì：Nǐ kàn guo jīngjù ma?

大卫：没看过。
Dàwèi：Méi kàn guo.

玛丽：听说很有意思。
Mǎlì：Tīngshuō hěn yǒu yìsi.

大卫：我很想看，你呢？
Dàwèi：Wǒ hěn xiǎng kàn, nǐ ne?

玛丽：我也很想看。你知道哪儿演吗？
Mǎlì：Wǒ yě hěn xiǎng kàn. Nǐ zhīdào nǎr yǎn ma?

大卫：人民剧场常演。
Dàwèi：Rénmín Jùchǎng cháng yǎn.

玛丽：那我们星期六去看，好不好？
Mǎlì：Nà wǒmen xīngqīliù qù kàn, hǎo bu hǎo?

大卫：当然好。明天我去买票。
Dàwèi：Dāngrán hǎo. Míngtiān wǒ qù mǎi piào.

玛丽：买到票以后告诉我。
Mǎlì: Mǎi dào piào yǐhòu gàosu wǒ.

大卫：好。
Dàwèi: Hǎo.

2

和子：听说烤鸭是北京的名菜。
Hézǐ: Tīngshuō kǎoyā shì Běijīng de míng cài.

玛丽：我还没吃过呢！
Mǎlì: Wǒ hái méi chī guo ne!

和子：我们应该去尝一尝。
Hézǐ: Wǒmen yīnggāi qù cháng yi cháng.

玛丽：二十八号晚上我没事，你呢？
Mǎlì: Èrshíbā hào wǎnshang wǒ méi shì, nǐ ne?

和子：不行，有朋友来看我。
Hézǐ: Bù xíng, yǒu péngyou lái kàn wǒ.

玛丽：三十号晚上怎么样？
Mǎlì: Sānshí hào wǎnshang zěnmeyàng?

和子：可以。
Hézǐ: Kěyǐ.

三　替换与扩展　置き換えと広げる

替换　置き換え

(1) 你<u>看</u>过<u>京剧</u>吗？

去	长城	喝	这种酒
喝	那种茶	去	那个公园
吃	那种菜	问	价钱

16 你看过京剧吗 ｜ 京劇を観たことがありますか

（2）我们应该去<u>尝一尝</u> 烤鸭。　▶◀　| 看 | 京剧 | 问 | 老师 |
| 听 | 音乐 | 找 | 他们 |

（3）<u>买</u>到<u>票</u>以后告诉我。　▶◀　| 收 | 信 | 买 | 词典 |
| 见 | 玛丽 | 买 | 咖啡 |

📍 扩展　広げる

（1）玛丽，快来，有人找你。
　　　Mǎlì,　kuài lái,　yǒu rén zhǎo nǐ.

（2）A：你看杂技吗？
　　　　Nǐ kàn zájì ma?

　　　B：不看。昨天的练习我还没做呢。
　　　　Bú kàn. Zuótiān de liànxí wǒ hái méi zuò ne.

四　生词　新出単語 💿

1	过	guo	助	……たことがある
2	京剧	jīngjù	名	京劇
3	演	yǎn	动	演じる，公演する
4	以后	yǐhòu	名	そのあと
5	告诉	gàosu	动	伝える，教える
6	烤鸭	kǎoyā	名	北京ダック
7	应该	yīnggāi	能愿	（……するのは）当然である，……すべきである
8	行	xíng	动/形	OK，よろしい

約束　145

9	有意思	yǒu yìsi		おもしろい
10	当然	dāngrán	副	もちろん，当然
11	名菜	míng cài		有名な料理
12	事	shì	名	事柄
13	酒	jiǔ	名	お酒
14	茶	chá	名	茶
15	菜	cài	名	料理，おかず
16	价钱	jiàqian	名	値段
17	收	shōu	动	受け取る
18	词典	cídiǎn	名	辞書
19	咖啡	kāfēi	名	コーヒー
20	杂技	zájì	名	サーカス
21	练习	liànxí	名/动	練習；練習する，けいこする

📍 专名　固有名詞

人民剧场	Rénmín Jùchǎng	人民劇場

五　语法　文法

1. 动态助词"过"　動態助詞「过」

（1）动态助词"过"用在动词后，说明某种动作曾在过去发生。常用来强调有过这种经历。例如：
動態助詞「过」は動詞の後に置かれたとき、その動作・行為がかつて発生したことがあることを表す。今までの経験を強調して言う時によく使う。例えば、

16 你看过京剧吗 | 京劇を観たことがありますか

① 我去过长城。　　　　② 我学过汉语。

③ 我没吃过烤鸭。

（2）它的正反疑问句形式是"……过……没有"。例如：
その反復疑問の文型は「……过……没有」である。例えば、

④ 你去过美国没有？　　⑤ 你看过那个电影没有？

（3）连动句里要表示过去的经历时，"过"一般放在第二个动词之后。例如：
連動文を使って過去の経験を表す時に、「过」は普通、二番目に出る動詞の後につける。例えば、

⑥ 我去那个饭店吃过饭。

2. 无主句　無主語文

绝大部分句子都由主语、谓语两部分组成。也有一些句子只有谓语没主语，这种句子叫无主句。例如：
ほとんどの文は主語と述語から構成されている。ただし術語はあるが、主語がない文もある。このような文は無主語文と呼ばれる。例えば、

① 有人找你。　　　　② 有人请你看电影。

3. "还没（有）……呢"　「まだ……していません。」

表示一个动作现在还未发生或尚未完成。例如：
動作・行為がまだ発生していないこと、やり終えていないことを表す。例えば、

① 他还没（有）来呢。　　② 这件事我还不知道呢。

③ 我还没吃过烤鸭呢。

六 练习 練習

1. 用"了"或"过"完成句子 「了」あるいは「过」を使って次の文を完成しなさい

(1) 听说中国的杂技很有意思，我还＿＿＿＿＿＿＿。

(2) 昨天我＿＿＿＿＿＿＿。这个电影很好。

(3) 他不在，他去＿＿＿＿＿＿＿。

(4) 你看＿＿＿＿＿＿＿吗？听说很好。

(5) 你＿＿＿＿＿＿＿？这种酒不太好喝。

2. 用"了"或"过"回答问题 「了」あるいは「过」を使って次の問題に答えなさい

(1) 你来过中国吗？来中国以后，你去过什么地方？

(2) 来中国以后，你给家里打过电话吗？

(3) 昨天晚上你做什么了？看电视了吗？

(4) 你常听录音吗？昨天听录音了没有？

3. 判断正误 下の文が正しいかどうかを判断しなさい

(1) 我没找到那个本子。（　） (2) 你看过没有京剧？（　）
　　我没找到那个本子了。（　）　　你看过京剧没有？（　）

(3) 玛丽不去过那个书店。（　） (4) 我还没吃过午饭呢。（　）
　　玛丽没去过那个书店。（　）　　我还没吃午饭呢。（　）

4. 把下列句子改成否定句 下の文を否定文に書き直しなさい

(1) 我找到那个本子了。➡ ＿＿＿＿＿＿＿

(2) 我看过京剧。➡ ＿＿＿＿＿＿＿

(3) 他学过这个汉字。➡ ＿＿＿＿＿＿＿

(4) 我吃过这种菜。➡ ＿＿＿＿＿＿＿

（5）玛丽去过那个书店。→

5. 听后复述　聞いてから述べる

以前（yǐqián，これまで）我没看过中国的杂技，昨天晚上我看了。中国杂技很有意思，以后我还想看。

我也没吃过中国菜。小王说他会做中国菜，星期六请我吃。

6. 语音练习　発音練習

（1）读下列词语：第三声+第三声　次の単語を読みなさい：第3声+第3声

yǒuhǎo	（友好）	wǎn diǎn	（晚点）
yǔfǎ	（语法）	liǎojiě	（了解）
zhǎnlǎn	（展览）	hěn duǎn	（很短）
hǎishuǐ	（海水）	gǔdiǎn	（古典）
guǎngchǎng	（广场）	yǒngyuǎn	（永远）

（2）常用音节练习　常用音節練習

guo:
- guójì （国际）
- shuǐguǒ （水果）
- guòqù （过去）
- chī guo （吃过）

shang:
- shāngdiàn （商店）
- xīnshǎng （欣赏）
- Shànghǎi （上海）
- chē shang （车上）

xiāngyuē
相约（2）
約束

17 去动物园
動物園に行きます

一 句子 基本文

109 这 两 天 天 气 很 好。①
Zhè liǎng tiān tiānqì hěn hǎo.
この二三日とても天気がよいです。

110 我 们 出 去 玩儿 玩儿 吧。遊びに出かけましょうよ。
Wǒmen chū qu wánr wánr ba.

111 去 哪儿 玩儿 好 呢? どこに遊びに行ったらいいですか。
Qù nǎr wánr hǎo ne?

112 去 北海 公园，看看 花儿，划 划 船。
Qù Běihǎi Gōngyuán, kànkan huār, huáhua chuán.
北海公園に行って花見をしたり、舟をこいだりします。

113 骑 自行车 去 吧。自転車で行きましょう。
Qí zìxíngchē qù ba.

114 今天 天气 多 好 啊! 今日はなんといい天気でしょう。
Jīntiān tiānqì duō hǎo a!

115 他 上午 到 还是 下午 到?
Tā shàngwǔ dào háishi xiàwǔ dào?
彼は午前に着きますか。それとも午後に着きますか。

17 去动物园 動物園に行きます

116 我跟你一起去。あなたと一緒に行きます。
Wǒ gēn nǐ yìqǐ qù.

二 会话 会話

1

张丽英 Zhāng Lìyīng: 这两天天气很好，我们出去玩儿玩儿吧。
Zhè liǎng tiān tiānqì hěn hǎo, wǒmen chūqu wánr wánr ba.

和子 Hézǐ: 去哪儿玩儿好呢？
Qù nǎr wánr hǎo ne?

张丽英 Zhāng Lìyīng: 去北海公园，看看花儿，划划船，多好啊！
Qù Běihǎi Gōngyuán, kànkan huār, huáhua chuán, duō hǎo a!

和子 Hézǐ: 上星期我去过了，去别的地方吧。
Shàng xīngqī wǒ qù guo le, qù bié de dìfang ba.

张丽英 Zhāng Lìyīng: 去动物园怎么样？
Qù dòngwùyuán zěnmeyàng?

和子 Hézǐ: 行，还可以看看大熊猫呢。
Xíng, hái kěyǐ kànkan dàxióngmāo ne.

张丽英：我们怎么去？
Zhāng Lìyīng: Wǒmen zěnme qù?

和子：骑自行车去吧。
Hézǐ: Qí zìxíngchē qù ba.

2

和子：你认识李成日吗？
Hézǐ: Nǐ rènshi Lǐ Chéngrì ma?

刘京：当然认识。去年他在这儿学过汉语。
Liú Jīng: Dāngrán rènshi. Qùnián tā zài zhèr xué guo Hànyǔ.

和子：你知道吗？明天他来北京。
Hézǐ: Nǐ zhīdào ma? Míngtiān tā lái Běijīng.

刘京：不知道。他上午到还是下午到？
Liú Jīng: Bù zhīdào. Tā shàngwǔ dào háishi xiàwǔ dào?

和子：下午两点，我去机场接他。
Hézǐ: Xiàwǔ liǎng diǎn, wǒ qù jīchǎng jiē tā.

刘京：明天下午没有课，我跟你一起去。
Liú Jīng: Míngtiān xiàwǔ méi yǒu kè, wǒ gēn nǐ yìqǐ qù.

和子：好的。
Hézǐ: Hǎo de.

刘京：什么时候去？
Liú Jīng: Shénme shíhou qù?

和子：一点吧。
Hézǐ: Yī diǎn ba.

注释　注釈

❶ 这两天天气很好。　この二三日はとても天気がよいです。
　　"这两天"是表示"最近"的意思。"两"在这里表示概数。
　　「这两天」は「最近」の意味を表す。「两」はここでは概数を表す。

17 去动物园　動物園に行きます

三　替换与扩展　置き換えと広げる

替换　置き換え

(1) 这两天<u>天气很好</u>。　→←
- 我没事　　他很忙
- 小王身体不好
- 他们有考试
- 坐地铁的人很多

(2) 看看花儿，划划船，多<u>好</u>啊！　→←
- 有意思　　高兴

(3) 他<u>上午</u>到还是<u>下午</u>到？　→←
- 今天　　明天
- 下星期　　这个星期
- 早上八点　　晚上八点

扩展　広げる

(1) A：玛丽在哪儿？
　　　Mǎlì zài nǎr?

　　B：在楼上，你上去找她吧。
　　　Zài lóu shàng, nǐ shàng qu zhǎo tā ba.

(2) A：去动物园哪条路近？
　　　Qù dòngwùyuán nǎ tiáo lù jìn?

　　B：这条路最近。
　　　Zhè tiáo lù zuì jìn.

四 生词 新出単語

1	天气	tiānqì	名	天気
2	出	chū	动	出かける
3	划	huá	动	こぐ
4	船	chuán	名	ふね，ボート
5	骑	qí	动	（馬や自転車に）乗る
6	自行车	zìxíngchē	名	自転車
7	啊	a	助	……ね（感嘆の語気を示す）
8	还是	háishi	连	それとも
9	跟	gēn	介	……と
10	上	shàng	名	この前の
11	动物园	dòngwùyuán	名	動物園
12	大熊猫	dàxióngmāo	名	パンダ
13	去年	qùnián	名	去年
14	学	xué	动	学ぶ，勉強する
15	机场	jīchǎng	名	空港
16	接	jiē	动	迎える
17	考试	kǎoshì	动/名	試験する；試験，テスト
18	地铁	dìtiě	名	地下鉄
19	下	xià	名	次の
20	条	tiáo	量	道の助数詞
21	最	zuì	副	最も

17 去动物园　動物園に行きます

📍 **专名　固有名詞**

1	北海公园	Běihǎi Gōngyuán	北海公園
2	李成日	Lǐ Chéngrì	李成日

五　语法　文法

1. 选择疑问句　選択疑問文

用连词"还是"连接两种可能的答案，由回答的人选择其一，这种疑问句叫选择疑问句。例如：
接続詞の「还是」を用いて、二つの選択肢をつなぎ、相手にそのうちの一つを選ばせる疑問文は選択疑問文と呼ばれる。例えば、

> ① 你上午去还是下午去？　　② 你喝咖啡还是喝茶？
> ③ 你一个人去还是跟朋友一起去？

2. 表示动作方式的连动句　動作の手段を表す連動文

这种连动句中前一个动词或动词短语表示动作的方式。例如：
この種の連動文は前にある動詞あるいは動詞構造が後にある動作・行為の手段を表す。例えば、

> 用汉语介绍　　坐车去机场　　骑自行车去

3. 趋向补语（1）　方向補語(1)

一些动词后边常用"来""去"作补语，表示动作的趋向，这种补语叫趋向补语。动作如果向着说话人就用"来"，与之相反的就用"去"。例如：
動詞の後によく「来」、「去」を補語として使い、その動作の方向を表すものがある。この種の補語は方向補語と呼ばれる。動作が話す人に向かっている場合には「来」を使い、逆の場合

には「去」を用いる。例えば、

① 上课了，快进来吧。（说话人在里边）

② 他不在家，出去了。（说话人在家里）

③ 玛丽，快下来！（说话人在楼下，玛丽在楼上）

六 练习 練習

1. 给下面的动词配上适当的宾语并造句
次の動詞の後に適切な目的語を入れて、文を作りなさい

坐_____　　划_____　　骑_____　　演_____

拿_____　　换_____　　穿_____　　打_____

2. 看图说话（用上趋向动词"来""去"）
図を参考にして会話の練習をしなさい（方向補語「来」、「去」を使うように）

（1）大卫说："你_____吧。"

玛丽说："你_____吧。"

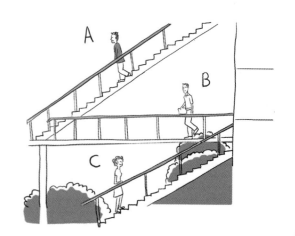

（2）A：_____。

B：_____。

C：_____。

17 去动物园　動物園に行きます

3. 根据所给内容，用"还是"提问
下の内容に基づいて、「还是」を使った疑問文を作りなさい

例　例えば　六点半起床　七点起床　→　你六点半起床还是七点起床？

（1）去北海公园　　去动物园　　→ _____
（2）看电影　　　　看杂技　　　→ _____
（3）坐车去　　　　骑自行车去　→ _____
（4）你去机场　　　他去机场　　→ _____
（5）今年回国　　　明年回国　　→ _____

4. 听后复述　聞いてから述べる

　　王兰告诉我，离我们学校不远有一个果园（guǒyuán，果樹園）。那个果园有很多水果（shuǐguǒ，果物），可以看，可以吃，也可以买。我们应该去看看。我们想星期天去。我们骑自行车去。

5. 语音练习　発音練習

（1）读下列词语：第三声+第四声　次の単語を読みなさい：第3声+第4声

gǎnxiè （感谢）	kǎoshì （考试）
yǒuyì （友谊）	wǎnfàn （晚饭）
qǐng zuò （请坐）	zěnyàng （怎样）
mǎlù （马路）	fǎngwèn （访问）
mǎi dào （买到）	yǒu shì （有事）

（2）常用音节练习　常用音節練習

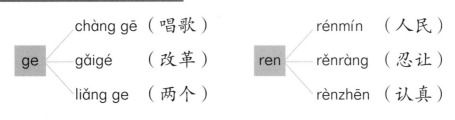

yíngjiē
迎接（1）
迎える

18 路上辛苦了
道中お疲れさまでした

一 句子 基本文

117
从 东 京 来 的 飞 机 到 了 吗？
Cóng Dōngjīng lái de fēijī dào le ma?
東京からの飛行機は到着しましたか。

118
飞 机 晚 点 了 。 飛行機は遅れました。
Fēijī wǎn diǎn le.

119
飞 机 快 要 起 飞 了 。 飛行機はもうすぐ離陸します
Fēijī kuài yào qǐfēi le.

120
飞 机 大 概 三 点 半 能 到 。
Fēijī dàgài sān diǎn bàn néng dào.
飛行機は3時半ごろ到着できるでしょう。

121
我 们 先 去 喝 点 儿 咖 啡 , 一 会 儿
Wǒmen xiān qù hē diǎnr kāfēi, yìhuǐr
再 来 这 儿 吧 。
zài lái zhèr ba.
まずコーヒーでも飲んでから、またここへ戻ろう。

122
路 上 辛 苦 了 。 道中お疲れさまでした。
Lù shang xīnkǔ le.

18 路上辛苦了 | 道中お疲れさまでした

123 你怎么知道我要来？
Nǐ zěnme zhīdào wǒ yào lái?
どうして私が来るのを知っていたのですか。

124 是和子告诉我的。 和子さんが教えてくれたのです。
Shì Hézǐ gàosu wǒ de.

二 会话 会話

1

和子: 从 东 京 来 的 飞 机 到 了 吗？
Hézǐ: Cóng Dōngjīng lái de fēijī dào le ma?

服务员: 还 没 到。
Fúwùyuán: Hái méi dào.

和子: 为 什 么？
Hézǐ: Wèi shénme?

服务员: 晚 点 了。 飞 机 现 在 在 上 海。
Fúwùyuán: Wǎn diǎn le. Fēijī xiànzài zài Shànghǎi.

和子: 起飞了吗？
Hézǐ: Qǐfēi le ma?

服务员: 快 要 起 飞 了。
Fúwùyuán: Kuài yào qǐfēi le.

和子: 什 么 时 候 能 到？
Hézǐ: Shénme shíhou néng dào?

服务员: 大 概 三 点 半 能 到。
Fúwùyuán: Dàgài sān diǎn bàn néng dào.

和子：刘京，我们先去喝点儿咖啡，
Hézǐ: Liú Jīng, wǒmen xiān qù hē diǎnr kāfēi,

一会儿再来这儿吧。
yìhuǐr zài lái zhèr ba.

2

和子：你看，李成日来了。
Hézǐ: Nǐ kàn, Lǐ Chéngrì lái le.

刘京：你好！路上辛苦了。
Liú Jīng: Nǐ hǎo! Lù shang xīnkǔ le.

李成日：你们好！刘京，你怎么知道我要来？
Lǐ Chéngrì: Nǐmen hǎo! Liú Jīng, nǐ zěnme zhīdào wǒ yào lái?

刘京：是和子告诉我的。
Liú Jīng: Shì Hézǐ gàosu wǒ de.

李成日：感谢你们来接我。
Lǐ Chéngrì: Gǎnxiè nǐmen lái jiē wǒ.

和子：我们出去吧！
Hézǐ: Wǒmen chū qu ba!

李成日：等一等，还有贸易公司的人
Lǐ Chéngrì: Děng yi děng, hái yǒu màoyì gōngsī de rén

接我呢。
jiē wǒ ne.

刘京：好，我们在这儿等你。
Liú Jīng: Hǎo, wǒmen zài zhèr děng nǐ.

三 替换与扩展　置き換えと広げる

替换　置き換え

（1）快要<u>起飞</u>了。

上课	考试
开车	毕业

（2）我们先去<u>喝</u>点儿<u>咖啡</u>，一会儿再来这儿吧。

换	钱	买饮料
吃	东西	照相
喝	啤酒	看电影

（3）是<u>和子</u>告诉我的。

刘京	王兰
玛丽	大卫

扩展　広げる

（1）A：他是怎么来的？
　　　　Tā shì zěnme lái de?

　　　B：他（是）坐出租车来的。
　　　　Tā (shì) zuò chūzūchē lái de.

（2）火车要开了，快上去吧。
　　　Huǒchē yào kāi le, kuài shàng qu ba.

四 生词 新出単語

1	从	cóng	介	……から
2	飞机	fēijī	名	飛行機
3	晚点	wǎn diǎn		遅れる
4	要……了	yào……le		もうすぐ……である
5	起飞	qǐfēi	动	離陸する
6	大概	dàgài	副	おそらく，たぶん
7	先	xiān	副	先ず，先に
8	辛苦	xīnkǔ	形	お疲れさま，ご苦労さま
9	服务员	fúwùyuán	名	ここでは空港で勤務する人を指す
10	为什么	wèi shénme		どうして
11	一会儿	yìhuǐr / yíhuìr	数量	しばらく，短い時間を指す
12	感谢	gǎnxiè	动	感謝する
13	贸易	màoyì	名	貿易
14	公司	gōngsī	名	会社
15	毕业	bì yè		卒業（する）
16	饮料	yǐnliào	名	飲み物
17	啤酒	píjiǔ	名	ビール
18	出租车	chūzūchē	名	タクシー
19	火车	huǒchē	名	汽車
20	开	kāi	动	運転する

18 路上辛苦了 | 道中お疲れさまでした

五 语法 文法

1. "要……了" 文型「要……了」

（1）"要……了"句式表示一个动作或情况很快就要发生。副词"要"表示将要，放在动词或形容词前，句尾加语气助词"了"。"要"前还可加上"就"或"快"，表示时间紧迫。例如：

文型「要……了」はある動作や状況の実現が間近に迫っていることを表す。副詞「要」は「まもなく」という意味で、動詞や形容詞の前に置かれ、その上文末に語気助詞の「了」をつけると、「もうすぐ……である」という意味になる。「要」の前に、さらに「就」または「快」を加えると、時間が緊迫していることを表す。例えば、

> ① 火车要开了。　　　　② 他就要来了。
> ③ 快要到北京了。

（2）"就要……了"前边可以加时间状语，"快要……了"不行。例如"他明天就要走了"，不能说"他明天快要走了"。

「就要……了」の前には時間詞を用いることもできるが、「快要……了」にはできない。例えば「他明天就要走了」とは言えるが「他明天快要走了」とは言うことはできない。

2. "是……的" 文型「是……的」

（1）"是……的"句可用来强调说明已经发生的动作的时间、地点、方式等。"是"放在被强调说明的部分之前，有时可以省略。"的"放在句尾。例如：

文型「是……的」は動作が行われた時間・場所・手段・方法などを強調して説明する時に使われる。「是」は強調された説明部分の前に入るか、省略してもよい。「的」は文末に用いる。例えば、

> ① 他（是）昨天来的。　　② 你（是）在哪儿买的？
> ③ 我（是）坐飞机来的。

（2）"是……的"句有时也可强调动作的施事。例如：

文型「是……的」は動作主を強調して説明する時にも使える。例えば、

> ④（是）她告诉我的。

六 练习 練習

1. 用"要……了""快要……了"或"就要……了"改写句子
「要……了」、「快要……了」、「就要……了」を使って下の文を書き直しなさい

　　例 例えば 现在是十月，你应该买毛衣了。

　　　　→ 天气（快）要冷了，你应该买毛衣了。

（1）八点上课，现在七点五十了，我们快走吧。

　　　→ _____

（2）你再等等，他很快就来。

　　　→ _____

（3）李成日明天回国，我们去看看他吧。

　　　→ _____

（4）饭很快就做好了，你们在这儿吃吧。

　　　→ _____

2. 用"（是）……的"完成对话
「（是）……的」を使って、下の会话を完成しなさい

　　（1）A：这种橘子真好吃，_____？

　　　　 B：是在旁边的商店 _____。

　　（2）A：你给玛丽打电话了吗？

　　　　 B：打了。我是昨天晚上 _____。

　　　　 A：她知道开车的时间了吗？

　　　　 B：她昨天上午就知道了。

　　　　 A：_____？

　　　　 B：是刘京告诉她的。

3. 按照实际情况回答问题　事実に基づいて次の問題に答えなさい

（1）你从哪儿来？你是怎么来的？

（2）你为什么来中国？

4. 听后复述　聞いてから述べる

我从法国来，我是坐飞机来的。我在北京语言大学学习汉语。在法国我没学过汉语，我不会说汉语，也不会写汉字。现在我会说一点儿了，我很高兴。我应该感谢我们的老师。

5. 语音练习　発音練習

(1) 读下列词语：第三声+轻声　次の単語を読みなさい：第3声+軽声

zěnme	（怎么）	wǎnshang	（晚上）
xǐhuan	（喜欢）	jiǎozi	（饺子）
zǎoshang	（早上）	sǎngzi	（嗓子）
jiějie	（姐姐）	nǎinai	（奶奶）
shǒu shang	（手上）	běnzi	（本子）

(2) 常用音节练习　常用音節練習

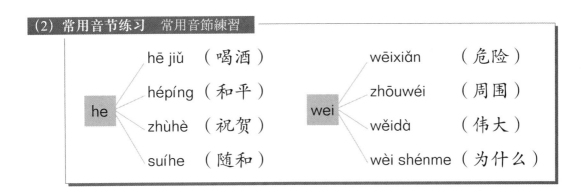

he:
- hē jiǔ （喝酒）
- hépíng （和平）
- zhùhè （祝贺）
- suíhe （随和）

wei:
- wēixiǎn （危险）
- zhōuwéi （周围）
- wěidà （伟大）
- wèi shénme （为什么）

19 欢迎你
歓迎いたします

一 句子 基本文

125 别客气。 いいえ、どういたしまして。
Bié kèqi.

126 一点儿也不累。 少しも疲れていません。
Yìdiǎnr yě bú lèi.

127 您第一次来中国吗？
Nín dì yī cì lái Zhōngguó ma?
中国は初めてですか。

128 我以前来过（中国）两次。
Wǒ yǐqián lái guo (Zhōngguó) liǎng cì.
私は以前中国へ二回来たことがあります。

129 这是我们经理给您的信。
Zhè shì wǒmen jīnglǐ gěi nín de xìn.
これは社長からのお手紙です。

130 他问您好。 彼からよろしくとのことです。
Tā wèn nín hǎo.

19 欢迎你 | 歓迎いたします

131 我们在北京饭店请您吃晚饭。
Wǒmen zài Běijīng Fàndiàn qǐng nín chī wǎnfàn.
北京飯店での夕食にご招待します。

132 我从朋友那儿去饭店。
Wǒ cóng péngyou nàr qù fàndiàn.
友達のところからホテルへ行きます。

二 会话 会話

1

王：您好，李先生！我是王大年，公司的翻译。
Wáng: Nín hǎo, Lǐ xiānsheng! Wǒ shì Wáng Dànián, gōngsī de fānyì.

李：谢谢您来接我。
Lǐ: Xièxie nín lái jiē wǒ.

王：别客气。路上辛苦了。累了吧？
Wáng: Bié kèqi. Lù shang xīnkǔ le. Lèi le ba?

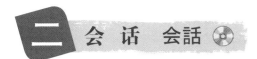

李：一点儿也不累，很顺利。
Lǐ: Yìdiǎnr yě bú lèi, hěn shùnlì.

王：汽车在外边，我们送您去饭店。
Wáng: Qìchē zài wàibian, wǒmen sòng nín qù fàndiàn.

李：我还有两个朋友。
Lǐ: Wǒ hái yǒu liǎng ge péngyou.

王：那一起走吧。
Wáng: Nà yìqǐ zǒu ba.

李：谢谢！
Lǐ: Xièxie!

2

经理：欢迎您，李先生！
Jīnglǐ: Huānyíng nín, Lǐ xiānsheng!

李：谢谢！
Lǐ: Xièxie!

经理：您第一次来中国吗？
Jīnglǐ: Nín dì yī cì lái Zhōngguó ma?

李：不，我以前来过两次。这是我们经理给您的信。
Lǐ: Bù, wǒ yǐqián lái guo liǎng cì. Zhè shì wǒmen jīnglǐ gěi nín de xìn.

经理：麻烦您了。
Jīnglǐ: Máfan nín le.

李：他问您好。
Lǐ: Tā wèn nín hǎo.

经理：谢谢。今天我们在北京饭店请您吃晚饭。
Jīnglǐ: Xièxie. Jīntiān wǒmen zài Běijīng Fàndiàn qǐng nín chī wǎnfàn.

李：您太客气了，真不好意思。
Lǐ: Nín tài kèqi le, zhēn bù hǎoyìsi.

经理：您有时间吗？
Jīnglǐ: Nín yǒu shíjiān ma?

李：下午我去朋友那儿，晚上没事。
Lǐ: Xiàwǔ wǒ qù péngyou nàr, wǎnshang méi shì.

经理：我们去接您。
Jīnglǐ: Wǒmen qù jiē nín.

李：不用了，我可以打车从朋友那儿去。
Lǐ: Búyòng le, wǒ kěyǐ dǎ chē cóng péngyou nàr qù.

19 欢迎你 歓迎いたします

三 替换与扩展　置き換えと広げる

替换　置き換え

（1）一点儿也不累。

一点儿	不热
一点儿	不慢
一样东西	没买
一分钟	没休息

（2）这是我们经理给您的信。

我姐姐	给我	笔
他哥哥	送你	花
我朋友	给我	明信片

（3）A：您是第一次来中国吗？
　　 B：不，我以前来过两次。

吃烤鸭	吃
看京剧	看
来我们学校	来

扩展　広げる

（1）这次我来北京很顺利。
　　 Zhè cì wǒ lái Běijīng hěn shùnlì.

（2）我寄给你的信收到了吗？
　　 Wǒ jì gěi nǐ de xìn shōu dào le ma?

（3）我来中国的时候一句汉语也不会说。
　　 Wǒ lái Zhōngguó de shíhou yí jù Hànyǔ yě bú huì shuō.

四 生词 新出単語

1	别	bié	副	……してはいけない
2	客气	kèqi	形	遠慮する
3	第	dì	头	第
4	次	cì	量	回
5	经理	jīnglǐ	名	社長；部長
6	先生	xiānsheng	名	〜さん
7	翻译	fānyì	名/动	通訳，訳す
8	顺利	shùnlì	形	（物事が）順調に運ぶ
9	外边	wàibian	名	外
10	送	sòng	动	送る
11	以前	yǐqián	名	以前，この前
12	麻烦	máfan	动/形/名	お手数をかける，面倒である
13	不好意思	bù hǎoyìsi		恥ずかしい
14	不用	búyòng	副	……する必要がない
15	打车	dǎ chē		タクシーに乗る
16	热	rè	形	暑い，熱い
17	慢	màn	形	遅い
18	分钟	fēnzhōng	名	時間・時刻を数える単位
19	笔	bǐ	名	ペン
20	寄	jì	动	（手紙を）出す
21	句	jù	量	文

五　语法　文法

1. "从""在"的宾语与"这儿""那儿"
「从」、「在」の目的語と「这儿」、「那儿」

"从""在"的宾语如果是一个指人的名词或代词，必须在它后边加"这儿"或"那儿"才能表示处所。例如：

人を示す名詞・代名詞が「在」、「从」の目的語として場所を表すために使われる時にはその後に「这儿」、「那儿」を付け加えなければならい。例えば、

① 他从我这儿去书店。　　② 我从张大夫那儿来。
③ 我妹妹在玛丽那儿玩儿。　　④ 我的笔在他那儿。

2. 动量补语　動量補語

（1）动量词和数词结合，放在动词后边，说明动作发生的次数，构成动量补语。例如：

助数詞と数詞が一緒になって、動詞の後に置かれる時、動作の行った回数を表すことができる、これを動量補語という。例えば、

① 他来过一次。　　② 我找过他两次，他都不在。

（2）"一下儿"作动量补语，除了可以表示动作的次数外，也可以表示动作经历的时间短暂，并带有轻松随便的意味。例如：

「一下儿」を動量補語として使うとき、動作の回数を表すほか、動作継続時間が短いことを表すこともできる。この場合軽く動作をやるという意味が含まれる。例えば、

③ 给你们介绍一下儿。　　④ 你帮我拿一下儿。

3. 动词、动词短语、主谓短语等作定语
連体修飾語としての動詞・動詞構造・主述構造

动词、动词短语、主谓短语、介词短语作定语时，必须加"的"。例如：

動詞・動詞構造・主述構造・前置詞構造が連体修飾語として使われる時にはその後に必ず「的」を入れなければならない。例えば、

① 来的人很多。　　　　　② 学习汉语的学生不少。
③ 这是经理给您的信。　　④ 从东京来的飞机下午到。

六 练习 練習

1. 用下列动词造句　次の動詞を使って文を作りなさい

接　　送　　给　　收　　换

2. 给词语选择适当的位置（有的在A在B都行）
括弧の中の言葉をそれぞれの文の入るべき場所に入れなさい

(1) 我坐过 A 11 路汽车 B。　　　（两次）

(2) 她去过 A 上海 B。　　　　　（三次）

(3) 动物园我 A 去过 B。　　　　（两次）

(4) 我哥哥的孩子吃过 A 烤鸭 B。（一次）

(5) 你帮我 A 拿 B。　　　　　　（一下儿）

3. 用"一……也……"改写句子
「一……也……」を使って次の文を書き直しなさい

例 例えば　我没休息。（天）➡ 我一天也没休息。

(1) 今天我没喝啤酒。（瓶）➡

(2) 我没去过动物园。（次）➡

(3) 在北京他没骑过自行车。（次）➡

(4) 今天我没带钱。（分）➡

(5) 他不认识汉字。（个）➡

19 欢迎你 歓迎いたします

4. 按照实际情况回答问题　事実に基づいて次の問題に答えなさい

（1）你来过中国吗？现在是第几次来？

（2）这本书有多少课？这是第几课？

（3）你一天上几节（jié，时限）课？现在是第几节课？

（4）你们宿舍楼有几层？你住在几层？

5. 情景会话　次の状況に基づいて、会話の練習をしなさい

（1）去机场接朋友。

　　　空港へ友達を迎えに行きます。

　　提示　问候路上怎么样；告诉他/她现在去哪儿、这几天做什么等。
　　ヒント　道中どうであったかを聞く。これからどこへ行くかを彼に教える。この二三日の予定を教える。

（2）去火车站接朋友，火车晚点了。

　　　駅まで友達を迎えに行きましたが、列車が延着しました。

　　提示　问为什么还没到、什么时候能到等。
　　ヒント　なぜ（汽車が）まだ到着していないか。いつ到着するかなどを聞く。

6. 听后复述 聞いてから述べる

上星期五我去大同（Dàtóng，地名）了。我是坐火车去的，今天早上回来的。我第一次去大同。我很喜欢这个地方。

从北京到大同很近。坐火车去大概要七个小时（xiǎoshí，時間）。现在去，不冷也不热。下星期你也去吧。

7. 语音练习 発音練習

(1) 读下列词语：第四声+第一声　次の単語を読みなさい：第4声+第1声

qìchē	（汽车）	lùyīn	（录音）
dàyī	（大衣）	chàng gē	（唱歌）
diàndēng	（电灯）	dàjiā	（大家）
hùxiāng	（互相）	hòutiān	（后天）

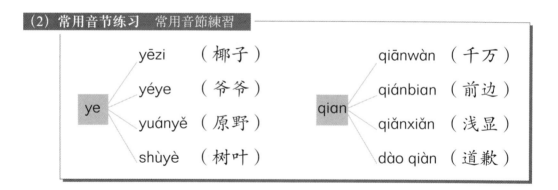

(2) 常用音节练习　常用音節練習

ye:
- yēzi （椰子）
- yéye （爷爷）
- yuányě （原野）
- shùyè （树叶）

qian:
- qiānwàn （千万）
- qiánbian （前边）
- qiǎnxiǎn （浅显）
- dào qiàn （道歉）

20 为我们的友谊干杯

zhāodài 招待 招待する

私たちの友情のために乾杯

一 句子 基本文

133 请这儿坐。 どうぞ、こちらにお掛けになってください。
Qǐng zhèr zuò.

134 我过得很愉快。 とても楽しく過ごしています。
Wǒ guò de hěn yúkuài.

135 您喜欢喝什么酒？ お酒は何がお好きですか。
Nín xǐhuan hē shénme jiǔ?

136 为我们的友谊干杯！[①]
Wèi wǒmen de yǒuyì gān bēi!
私たちの友情のために乾杯しましょう。

137 这个鱼做得真好吃。
Zhè ge yú zuò de zhēn hǎochī.
この魚の料理は本当においしいですね。

138 你们别客气，像在家一样。
Nǐmen bié kèqi, xiàng zài jiā yíyàng.
どうぞご自分の家にいるつもりで、遠慮なさらないで。

139 我做菜做得不好。 料理は上手ではありません。
Wǒ zuò cài zuò de bù hǎo.

140 你们慢慢吃。②
Nǐmen mànmàn chī.
どうぞごゆっくり召し上がってください。

二 会话 会話

1

翻译： 李先生，请这儿坐。
Fānyì: Lǐ xiānsheng, qǐng zhèr zuò.

李： 谢谢！
Lǐ: Xièxie!

经理： 这两天过得怎么样？
Jīnglǐ: Zhè liǎng tiān guò de zěnmeyàng?

李： 过得很愉快。
Lǐ: Guò de hěn yúkuài.

翻译： 您喜欢喝什么酒？
Fānyì: Nín xǐhuan hē shénme jiǔ?

李： 啤酒吧。
Lǐ: Píjiǔ ba.

经理： 您尝尝这个菜怎么样。
Jīnglǐ: Nín chángchang zhè ge cài zěnmeyàng.

李： 很好吃。
Lǐ: Hěn hǎochī.

经理： 吃啊，别客气。
Jīnglǐ: Chī a, bié kèqi.

李： 不客气。
Lǐ: Bú kèqi.

20 为我们的友谊干杯 私たちの友情のために乾杯

经理：来，为我们的友谊干杯！
Jīnglǐ: Lái, wèi wǒmen de yǒuyì gān bēi!

李：为大家的健康干杯！
Lǐ: Wèi dàjiā de jiànkāng gān bēi!

翻译：干杯！
Fānyì: Gān bēi!

2

刘京：我们先喝酒吧。
Liú Jīng: Wǒmen xiān hē jiǔ ba.

李成日：这个鱼做得真好吃。
Lǐ Chéngrì: Zhè ge yú zuò de zhēn hǎochī.

刘京妈妈：你们别客气，像在家一样。
Liú Jīng māma: Nǐmen bié kèqi, xiàng zài jiā yíyàng.

李成日：我们不客气。
Lǐ Chéngrì: Wǒmen bú kèqi.

刘京妈妈：吃饺子吧。
Liú Jīng māma: Chī jiǎozi ba.

和子：我最喜欢吃饺子了。
Hézǐ: Wǒ zuì xǐhuan chī jiǎozi le.

刘京：听说你很会做日本菜。
Liú Jīng: Tīngshuō nǐ hěn huì zuò Rìběn cài.

和子：哪儿啊③，我做得不好。
Hézǐ: Nǎr a, wǒ zuò de bù hǎo.

刘京：你怎么不吃了？
Liú Jīng: Nǐ zěnme bù chī le?

和子：吃饱了。你们慢慢吃。
Hézǐ: Chī bǎo le. Nǐmen mànmàn chī.

招待する 177

注释　注釈

❶ **为我们的友谊干杯！** 私たちの友情のために乾杯しましょう。
　　介词"为"用来说明动作的目的，必须放在动词前边。
「为」は前置詞で、動詞の前に用い、動作の目的を表す。

❷ **你们慢慢吃。** どうぞごゆっくり召し上がってください。
　　这是客套话。自己吃完而别人还未吃完，就说"慢慢吃"或"慢用"。
形式的な決まり文句。自分がもう食べ終わったが、ほかの人はまだである時に「慢慢吃」或いは「慢用」と言う。

❸ **哪儿啊。** いいえ、いいえ。
　　"哪儿啊"表示否定的意思。常用来回答别人的夸奖，表示自己没有对方说的那么好。
「哪儿」はここで否定を表す。他人からほめられた時の返事としてよく使う。自分が相手が言うほどよくないことを表す。

三　替换与扩展　置き換えと広げる

替换　置き換え

(1) <u>我</u> 过得很<u>愉快</u>。

我们	生活	好
他	说	快
张先生	休息	不错
大卫	睡	晚

(2) 这<u>个</u> <u>鱼</u> <u>做</u>得真<u>好吃</u>。

件	衣服	洗	干净
张	照片	照	好
辆	汽车	开	快

20 为我们的友谊干杯　私たちの友情のために乾杯

（3）我 <u>做</u> 菜 <u>做</u> 得 不 <u>好</u>。

做	饺子	好吃
写	汉字	好看
翻译	生词	快

扩展　広げる

（1）他 汉语 说 得 真 好，像 中国人 一样。
　　 Tā Hànyǔ shuō de zhēn hǎo, xiàng Zhōngguó rén yíyàng.

（2）你 说 得 太 快，我 没 听 懂，请 你 说 得 慢
　　 Nǐ shuō de tài kuài, wǒ méi tīng dǒng, qǐng nǐ shuō de màn
　　 一点儿。
　　 yìdiǎnr.

四　生词　新出単語

1	过	guò	动	過ごす
2	得	de	助	形容詞・動詞の後に用いられ、補語を導く
3	愉快	yúkuài	形	楽しい、愉快である
4	喜欢	xǐhuan	动	すき，好む
5	为……干杯	wèi……gān bēi		……のために乾杯する
6	友谊	yǒuyì	名	友情
7	鱼	yú	名	魚
8	好吃	hǎochī	形	おいしい
9	像	xiàng	动	……のようだ
10	一样	yíyàng	形	同じである
11	大家	dàjiā	代	皆さん

12	健康	jiànkāng	形	健康
13	饺子	jiǎozi	名	ギョーザ
14	饱	bǎo	形	お腹がいっぱいになる，満腹になる
15	生活	shēnghuó	动/名	生活する
16	睡	shuì	动	寝る
17	晚	wǎn	形	遅い
18	洗	xǐ	动	洗う
19	干净	gānjìng	形	きれいな
20	照片	zhàopiàn	名	写真
21	辆	liàng	量	台（助数詞）

五 语法 文法

1. 状态补语　状態補語

（1）表示动作状态的补语，叫状态补语。简单的状态补语一般由形容词充任。动词和状态补语之间要用结构助词"得"来连接。例如：

動作の状態を説明する補語は状態補語と呼ばれる。一般的に形容詞が簡単な状態補語として用いられる。動詞と状態補語の間に構造助詞「得」を入れなければならない。例えば、

① 我们休息得很好。
② 玛丽、大卫他们玩儿得很愉快。

（2）状态补语的否定式是在补语的前边加否定副词"不"。注意："不"不能放在动词的前边。例如：

状態補語の否定形は、状態補語の前に否定副詞「不」を入れて作られる。「不」を動詞の前に用いることはできないことに注意しなさい。例えば、

③ 他来得不早。　　④ 他生活得不太好。

（3）带状态补语的正反疑问句是并列状态补语的肯定形式和否定形式。例如：
状態補語を用いた文の反復疑問文は、状態補語の肯定形と否定形を重ねることによって作られる。例えば、

⑤ 你休息得好不好？　　⑥ 这个鱼做得好吃不好吃？

2. 状态补语与宾语　状態補語と目的語

动词后边如果带宾语，再有状态补语时，必须在宾语之后、"得"和状态补语之前重复动词。例如：
動詞が目的語を持ち、かつ状態補語を伴う時には、目的語の後に「得」と状態補語の前にその動詞を繰り返さなければならない。例えば、

① 他说汉语说得很好。　　② 她做饭做得很不错。
③ 我写汉字写得不太好。

六　练习　練習

1. 熟读下列短语并选择五个造句
　　下の連語をよく読み、中から五つを選んで文を作りなさい

起得很早	走得很快	玩儿得很高兴
生活得很愉快	穿得很多	演得好极了
休息得不太好	来得不晚	写得不太慢

2. 用状态补语完成句子　状態補語を使って、下の文を完成しなさい
　　（1）他洗衣服　　　　　　　　　　　　　。
　　（2）我姐姐做鱼　　　　　　　　　　　　。

（3）小王开车 _____。

（4）他划船 _____。

3. 完成对话（注意用上带"得"的状态补语）
   次の会話文を完成しなさい（「得」を用いた状態補語を使うこと）

   （1）A：你喜欢吃鱼吗？这鱼做 _____？

   　　B：_____ 很好吃。

   （2）A：今天的京剧演 _____？

   　　B：_____ 很好。

   （3）A：昨天晚上你几点睡的？

   　　B：十二点。

   　　A：_____。你早上起得也很晚吧？

   　　B：不，_____。

4. 用"在""给""得""像……一样""跟……一起"填空
   「在」、「给」、「得」、「像……一样」、「跟……一起」を使って空白を埋めなさい

   　　王兰、和子都 _____ 语言大学学习，她们是好朋友，_____ 姐姐和妹妹 _____。上星期我 _____ 她们 _____ 去北海公园玩儿。我 _____ 她们照相，照得很多，都照 _____ 很好。那天我们玩儿 _____ 很愉快。

5. 谈谈你的一天（用上带"得"的状态补语）
   あなたの一日を言いなさい（「得」を用いた状態補語を使うこと）

   提示　（1）你什么时候起床？什么时候去教室？什么时候睡觉？早还是晚？
   　　　（2）在这儿学汉语，你学得怎么样？生活得愉快不愉快？

   ヒント　（1）何時に起きるか。何時に教室に行くか。何時に寝るか。早いか遅いか。
   　　　　（2）ここでの中国語の勉強はどうですか。生活は楽しいですか。

20 为我们的友谊干杯　私たちの友情のために乾杯

6. 听后复述　聞いてから述べる

昨天我和几个小朋友（xiǎopéngyǒu，子供）去划船了。孩子们（men，たち）很喜欢划船，他们划得很好。我坐在船上高兴极了，也像孩子一样玩儿。这一天过得真有意思！

7. 语音练习　発音練習

(1) 读下列词语：第四声+第二声　次の単語を読みなさい：第4声+第2声

bù lái	（不来）	liànxí	（练习）
qùnián	（去年）	fùxí	（复习）
rìchéng	（日程）	wèntí	（问题）
xìngmíng	（姓名）	gào bié	（告别）
sòng xíng	（送行）	kètáng	（课堂）

(2) 常用音节练习　常用音節練習

gong —— gōngrén（工人）
　　　　 gǒnggù（巩固）
　　　　 yígòng（一共）

jiu —— jiūjìng（究竟）
　　　 hǎojiǔ（好久）
　　　 chéngjiù（成就）

复习（四）
復習（四）

一 会话 会话

1

〔约翰（Yuēhàn，ジョン）的中国朋友今天从北京来，约翰到机场去接他〕

约翰：啊，小王，路上辛苦了！

王：不辛苦。谢谢你来接我。

约翰：别客气。收到你的信，知道你要来旧金山（Jiùjīnshān，サン・フランシスコ），我高兴极了。

王：我很高兴能见到（jiàn dào，会う）老（lǎo，昔からの）朋友。刘小华（Liú Xiǎohuá，劉小華）、珍妮（Zhēnnī，ジェニー）他们都好吗？

约翰：都很好。他们很忙，今天没时间来接你。

王：我们都是老朋友了，不用客气。

约翰：为了欢迎你来，星期六我们请你在中国饭店吃饭。

王：谢谢！给你们添（tiān，かける）麻烦了。

2

〔在中国饭店〕

珍妮：小王怎么还没来？

刘：还没到时间。

珍妮：他第一次来旧金山，能找到这儿吗？

约翰：这个饭店很有名，能找到。

刘：啊，你们看，小王来了！

约翰：小王，快来！这儿坐。

珍妮：三年没见（jiàn，会う），你跟以前一样。

王：是吗？

珍妮：这是菜单（càidān，メニュー）。小王，你想吃什么？

约翰：我知道，他喜欢吃糖醋鱼（tángcùyú，魚料理の一種），还有……

王：你们太客气了，我真不好意思。

刘：我们先喝酒吧。

约翰：来，为我们的友谊干杯！

珍妮、刘、王：干杯！

二 语　法　文法

（一）句子的四种类型　四種類の文型

根据谓语主要成分的不同，可以把句子分为四种类型。
述語の成分構成によって文を四種類に分けることができる。

1. 名词谓语句　名詞述語文

由名词或名词结构、数量词等直接作谓语的句子叫名词谓语句。例如：
名詞・名詞構造・数量詞が述語として使われる文は名詞述語文と呼ばれる。例えば、

① 今天星期六。　　② 他今年二十岁。
③ 现在两点钟。　　④ 这本书二十八块五。

2. 动词谓语句　動詞述語文

谓语的主要成分是动词的句子叫动词谓语句。例如：
動詞が述語の主な成分として使われる文は動詞述語文と呼ばれる。例えば、

① 我写汉字。　　　　　② 他想学习汉语。

③ 他来中国旅行。　　　④ 玛丽和大卫去看电影。

3. 形容词谓语句　形容詞述語文

　　形容词谓语句用来对人或事物的状态加以描写，有时也说明事物的变化。例如：
　形容詞述語文は人や物事の状態を描写したり、物事の変化を説明したりする時に用いる。例えば、

① 天气热了。　　　　　② 张老师很忙。

③ 这本汉语书很便宜。

4. 主谓谓语句　主述述語文

　　主谓谓语句中的谓语本身也是一个主谓短语，主要用来说明或者描写主语。例如：
　主述述語文の述語は主述構造であり、主として主語を説明したり、描写したりするときに使う。例えば、

① 我爸爸身体很好。　　② 他工作很忙。

③ 今天天气很不错。

（二）提问的六种方法　六種類の質問方法

1. 用"吗"的疑问句　「吗」を用いる疑問文

　　这是最常用的提问方法，对可能的回答不作预先估计。例如：
　これは最もよく使う質問方法である。答えになる可能性があるものに対して何も予測しない。例えば、

① 你是学生吗？　　　　② 你喜欢看中国电影吗？

③ 你有明信片吗？

2. 正反疑问句　反復疑問文

　　这种疑问句用并列肯定形式和否定形式提问。例如：

この反複疑問文は肯定形と否定形を並べて質問する。例えば、

① 你认识不认识他？　　② 你们学校大不大？
③ 你有没有弟弟？　　　④ 明天你去不去长城？

3. **用疑问代词的疑问句**　疑問代名詞を用いる疑問文

用"谁""什么""哪""哪儿""怎么样""多少""几"等疑问代词提问。例如：
「谁」、「什么」、「哪」、「哪儿」、「怎么样」、「多少」、「几」などの疑問代名詞を使って質問する。例えば、

① 谁是你们的老师？　　② 哪本书是你的？
③ 他身体怎么样？　　　④ 今天星期几？

4. **用"还是"的选择疑问句**　「还是」を用いる選択疑問文

当提问人估计到有两种答案的时候，就用"还是"构成选择疑问句来提问。例如：
質問する人が答えになるものが二つあると予測している時に、「还是」を使って選択疑問文として質問する。例えば、

① 你上午去还是下午去？　　② 他是美国人还是法国人？
③ 你去看电影还是去看京剧？

5. **用"呢"的省略式疑问句**　「呢」を用いる略式疑問文

① 我很好，你呢？　　② 大卫看电视，玛丽呢？

6. **用"……，好吗？"提问**　「……，好吗？」を用いる疑問文

这种句子常常用于提出建议，征求对方意见。例如：
この種の疑問文は常に提案して、相手の意見を求める。例えば、

我们明天去，好吗？

三 练习 練習

1. 回答问题　次の問題に答えなさい

（1）用带简单趋向补语的句子回答问题　簡単な方向補語を用いて、次の問題に答えなさい

① 你带来词典了吗？

② 你妈妈寄来信了吗？

③ 昨天下午你出去了吗？

④ 他买来橘子了吗？

（2）按照实际情况回答问题　事実に基づいて次の問題に答えなさい

① 你是从哪儿来中国的？怎么来的？

② 你在哪儿上课？你骑自行车去上课吗？

③ 你常常看电影还是常常看电视？

④ 你们学校中国学生多还是外国留学生多？

⑤ 你去过长城吗？你玩儿得高兴不高兴？你照相了吗？照得怎么样？

2. 用下面的句子练习会话　次の文を使って会话を練习しなさい

（1）感谢　感謝

> 谢谢！
> 感谢你……
> 麻烦你了！

（2）迎接　出迎え

> 欢迎您！
> 路上辛苦了。
> 路上顺利吗？
> 什么时候到的？

（3）招待　招待

> 你喜欢什么酒？　　　很好吃。
> 别客气，多吃点儿。　不吃（喝）了。
> 为……干杯！　　　　吃饱了。

3. **语音练习**　発音練習

   （1）声调练习：第四声+第四声　声調練習：第4声+第4声

   shàng kè　（上课）

   zài jiàoshì shàng kè　（在教室上课）

   xiànzài zài jiàoshì shàng kè　（现在在教室上课）

   bì yè　（毕业）

   xià ge yuè bì yè　（下个月毕业）

   dàgài xià ge yuè bì yè　（大概下个月毕业）

   （2）朗读会话　次の会話文を読みなさい

   A: Wǒ zuì xǐhuan dàxióngmāo.

   B: Wǒ yě xǐhuan dàxióngmāo.

   A: Wǒmen qù dòngwùyuán ba.

   B: Hǎo jí le! Xiàwǔ jiù qù.

四　阅读短文　次の短い文章を読みなさい

阿里（Ālǐ，人名）：

你好！听说你要去北京语言大学学习了，我很高兴。我给你介绍一下儿那个学校。

语言大学不太大，有很多留学生，也有中国学生。留学生学习汉语，中国学生学习外语（wàiyǔ，外国語）。

　　学校里有很多楼。你可以住在留学生宿舍。留学生食堂就在宿舍楼旁边。他们做的饭菜还不错。

　　学校里有个小邮局，那儿可以寄信、买邮票，也可以寄东西。

　　离学校不远有个商店，那儿东西很多，也很便宜。我在语言大学的时候，常去那儿买东西。

　　你知道吗？娜依（Nàyī，ナーイー）就在北京大学学习。北大离语言大学很近。你有时间可以去那儿找她。

　　娜依的哥哥毕业了。他上个月从英国回来，现在还没找到工作呢。他问你好。

　　好，不多写了。等你回信。

　　祝（zhù，祈る）你愉快！

你的朋友莎菲（Shāfēi，サフィー）
2015年5月3日

词汇表　単語表

	A			
啊	a	助	17	
哎呀	āiyā	叹	15	
爱人	àiren	名	7	
	B			
八	bā	数	2	
爸爸	bàba	名	1	
吧	ba	助	8	
百	bǎi	数	14	
半	bàn	数	8	
帮	bāng	动	15	
饱	bǎo	形	20	
杯	bēi	名	13	
北边	běibian	名	10	
本	běn	量	13	
本子	běnzi	名	13	
笔	bǐ	名	19	
毕业	bì yè		18	
别	bié	副	19	
别的	bié de		11	
宾馆	bīnguǎn	名	9	
不错	búcuò	形	15	
不用	búyòng	副	19	
不	bù	副	3	

不好意思	bù hǎoyìsi		19
	C		
菜	cài	名	16
操场	cāochǎng	名	10
层	céng	量	9
茶	chá	名	16
差	chà	动	8
长	cháng	形	12
尝	cháng	动	11
常（常）	cháng (cháng)	副	9
超市	chāoshì	名	5
车	chē	名	10
吃	chī	动	8
出	chū	动	15、17
出租车	chūzūchē	名	18
穿	chuān	动	12
船	chuán	名	17
床	chuáng	名	8
词典	cídiǎn	名	16
次	cì	量	19
从	cóng	介	18
	D		
打	dǎ	动	8、15
打车	dǎ chē		19

大	dà	形	12
大概	dàgài	副	18
大家	dàjiā	代	20
大熊猫	dàxióngmāo	名	17
大学	dàxué	名	5
大夫	dàifu	名	4
带	dài	动	14
当然	dāngrán	副	16
到	dào	动	13
的	de	助	5
得	de	助	20
等	děng	动	14
地方	dìfang	名	10
地铁	dìtiě	名	17
地图	dìtú	名	13
弟弟	dìdi	名	3
第	dì	头	19
点	diǎn	量	8
电	diàn	名	15
电话	diànhuà	名	14
电脑	diànnǎo	名	7
电视	diànshì	名	6
电影	diànyǐng	名	6
电子邮件	diànzǐ yóujiàn		11
东边	dōngbian	名	10
东西	dōngxi	名	6
懂	dǒng	动	13
动物园	dòngwùyuán	名	17
都	dōu	副	1
短	duǎn	形	12
短信	duǎnxìn	名	12
对	duì	形/介/动	9
多	duō	形	11
多少	duōshao	代	9

E

二	èr	数	2

F

发	fā	动	11
翻译	fānyì	名/动	19
饭	fàn	名	8
饭店	fàndiàn	名	14
房间	fángjiān	名	9
飞机	fēijī	名	18
费	fèi	名/动	15
分	fēn	量	8
分钟	fēnzhōng	名	19
服务员	fúwùyuán	名	18

G

干净	gānjìng	形	20
感谢	gǎnxiè	动	18

高兴	gāoxìng	形	4
告诉	gàosu	动	16
哥哥	gēge	名	3
个	gè	量	4
给	gěi	动/介	13
跟	gēn	介	17
工作	gōngzuò	动/名	3
公共汽车	gōnggòng qìchē		10
公司	gōngsī	名	18
公园	gōngyuán	名	9
关机	guān jī		15
贵	guì	形	11
贵姓	guìxìng	名	4
国	guó	名	13
过	guò	动	20
过	guo	助	16

H

还	hái	副	11
还是	háishi	连	17
孩子	háizi	名	7
韩语	Hányǔ	名	7
汉语	Hànyǔ	名	7
汉字	Hànzì	名	14
好	hǎo	形	1
好吃	hǎochī	形	20

好看	hǎokàn	形	15
号	hào	量	9
号（日）	hào (rì)	量	2
号码	hàomǎ	名	14
喝	hē	动	11
和	hé	连	7
很	hěn	副	1
护士	hùshi	名	7
花	huā	动	14
花（儿）	huā (r)	名	8
划	huá	动	17
欢迎	huānyíng	动	9
换	huàn	动	13
回	huí	动	5
会	huì	能愿/动	13
火车	huǒchē	名	18

J

机场	jīchǎng	名	17
……极了	……jí le		12
几	jǐ	代	6
寄	jì	动	19
家	jiā	名	5
价钱	jiàqian	名	16
件	jiàn	量	12
健康	jiànkāng	形	20

交	jiāo	动	15	考试	kǎoshì	动/名	17
饺子	jiǎozi	名	20	烤鸭	kǎoyā	名	16
叫	jiào	动	4	可以	kěyǐ	能愿	12
教室	jiàoshì	名	5	刻	kè	量	8
接	jiē	动	17	客气	kèqi	形	19
结婚	jié hūn		7	口	kǒu	量	7
姐姐	jiějie	名	3	块（元）	kuài (yuán)	量	11
介绍	jièshào	动	5	快	kuài	形	14
斤	jīn	量	11		**L**		
今年	jīnnián	名	3	来	lái	动	1
今天	jīntiān	名	2	老师	lǎoshī	名	2
进	jìn	动	5	了	le	助	7
近	jìn	形	10	累	lèi	形	3
京剧	jīngjù	名	16	冷	lěng	形	12
经理	jīnglǐ	名	19	离	lí	动	10
九	jiǔ	数	2	里	li	名	14
酒	jiǔ	名	16	练习	liànxí	名/动	16
酒吧	jiǔbā	名	5	两	liǎng	数	7
就	jiù	副	10	辆	liàng	量	20
橘子	júzi	名	11	○（零）	líng	数	3
句	jù	量	19	留学生	liúxuéshēng	名	4
	K			六	liù	数	2
咖啡	kāfēi	名	16	楼	lóu	名	9
开	kāi	动	18	录音	lùyīn	名	11
看	kàn	动	5	路	lù	名	9、13

		M	
妈妈	māma	名	1
麻烦	máfan	动/形/名	19
吗	ma	助	1
买	mǎi	动	6
慢	màn	形	19
忙	máng	形	3
毛（角）	máo (jiǎo)	量	11
毛衣	máoyī	名	12
贸易	màoyì	名	18
没	méi	副	7
美元	měiyuán	名	14
妹妹	mèimei	名	3
名菜	míng cài		16
名字	míngzi	名	4
明年	míngnián	名	3
明天	míngtiān	名	3
明信片	míngxìnpiàn	名	15
		N	
拿	ná	动	15
哪	nǎ	代	13
哪儿	nǎr	代	5
那	nà	代	4
那儿	nàr	代	10
南边	nánbian	名	10

呢	ne	助		3
能	néng	能愿		14
你	nǐ	代		1
你好	nǐ hǎo			1
你们	nǐmen	代		1
年	nián	量		3
念	niàn	动		14
您	nín	代		2
		P		
旁边	pángbiān	名		9
朋友	péngyou	名		4
啤酒	píjiǔ	名		18
便宜	piányi	形		11
票	piào	名		13
苹果	píngguǒ	名		11
瓶	píng	名		11
		Q		
七	qī	数		2
骑	qí	动		17
起	qǐ	动		8
起飞	qǐfēi	动		18
前	qián	名		10
前边	qiánbian	名		10
钱	qián	名		11
请	qǐng	动		5

请问	qǐngwèn	动	10
去	qù	动	5
去年	qùnián	名	17

R

热	rè	形	19
人	rén	名	4
人民币	rénmínbì	名	14
认识	rènshi	动	4
日语	Rìyǔ	名	7

S

三	sān	数	2
商店	shāngdiàn	名	5
上	shàng	名	17
上（车）	shàng (chē)		13
上课	shàng kè		7
上网	shàng wǎng		7
上午	shàngwǔ	名	6
少	shǎo	形	12
谁	shéi/shuí	代	5
身体	shēntǐ	名	2
什么	shénme	代	4
生词	shēngcí	名	12
生活	shēnghuó	动/名	20
生日	shēngrì	名	6
十	shí	数	2

时候	shíhou	名	8
时间	shíjiān	名	14
食堂	shítáng	名	8
事	shì	名	16
试	shì	动	12
是	shì	动	4
收	shōu	动	16
手机	shǒujī	名	7
售货员	shòuhuòyuán	名	11
售票员	shòupiàoyuán	名	13
书	shū	名	6
书店	shūdiàn	名	6
数	shǔ	动	14
数	shù	名	14
水	shuǐ	名	8
睡	shuì	动	20
睡觉	shuì jiào		8
顺利	shùnlì	形	19
说	shuō	动	13
四	sì	数	2
送	sòng	动	19
宿舍	sùshè	名	5
岁	suì	量	6

T

他	tā	代	1

他们	tāmen	代	1
她	tā	代	1
太	tài	副	3
套	tào	量	15
天	tiān	名	12
天气	tiānqì	名	17
挑	tiāo	动	15
条	tiáo	量	17
听	tīng	动	5
听说	tīngshuō	动	14
通	tōng	动	15

W

外边	wàibian	名	19
完	wán	动	15
玩儿	wánr	动	9
晚	wǎn	形	20
晚点	wǎn diǎn		18
晚上	wǎnshang	名	6
网	wǎng	名	7
网球	wǎngqiú	名	8
往	wǎng	介/动	10
为……干杯	wèi……gān bēi		20
为什么	wèi shénme		18
问	wèn	动	9

我	wǒ	代	1
我们	wǒmen	代	1
五	wǔ	数	2

X

西边	xībian	名	10
洗	xǐ	动	20
喜欢	xǐhuan	动	20
下	xià	名	17
下（车）	xià (chē)	动	13
下课	xià kè		7
下午	xiàwǔ	名	6
先	xiān	副	18
先生	xiānsheng	名	19
现在	xiànzài	名	8
想	xiǎng	动/能愿	12
像	xiàng	动	20
小	xiǎo	形	12
小姐	xiǎojiě	名	12
写	xiě	动	6
谢谢	xièxie	动	2
辛苦	xīnkǔ	形	18
新	xīn	形	15
信	xìn	名	6
星期	xīngqī	名	6

星期天（星期日）	xīngqītiān (xīngqīrì)	名	6
行	xíng	动/形	16
姓	xìng	动/名	4
休息	xiūxi	动	5
学	xué	动	17
学生	xuésheng	名	4
学习	xuéxí	动	7
学校	xuéxiào	名	9

Y

演	yǎn	动	16
要	yào	动/能愿	11
要……了	yào……le		18
也	yě	副	1
一	yī	数	2
衣服	yīfu	名	12
一下儿	yíxiàr	数量	5
一样	yíyàng	形	20
以后	yǐhòu	名	16
以前	yǐqián	名	19
一点儿	yìdiǎnr	数量	13
一会儿	yìhuǐr/yíhuìr	数量	18
一起	yìqǐ	副	9
音乐	yīnyuè	名	6
银行	yínháng	名	7

饮料	yǐnliào	名	18
应该	yīnggāi	能愿	16
英语	Yīngyǔ	名	7
营业员	yíngyèyuán	名	14
邮局	yóujú	名	9
邮票	yóupiào	名	9
友谊	yǒuyì	名	20
有	yǒu	动	7
有意思	yǒu yìsi		16
鱼	yú	名	20
愉快	yúkuài	形	20
远	yuǎn	形	10
月	yuè	名	3

Z

杂技	zájì	名	16
再	zài	副	12
再见	zàijiàn	动	2
在	zài	动/介	5
早	zǎo	形	2
早饭	zǎofàn	名	8
早上	zǎoshang	名	8
怎么	zěnme	代	10
怎么样	zěnmeyàng	代	12
站	zhàn	名	13
张	zhāng	量	13

找	zhǎo	动	13、15
照	zhào	动	15
照片	zhàopiàn	名	20
照相	zhào xiàng		15
照相机	zhàoxiàngjī	名	15
这	zhè	代	4
这儿	zhèr	代	10
这样	zhèyàng	代	14
真	zhēn	形/副	15
知道	zhīdào	动	9

职员	zhíyuán	名	7
种	zhǒng	量	11
住	zhù	动	9
自行车	zìxíngchē	名	17
走	zǒu	动	10
最	zuì	副	17
昨天	zuótiān	名	6
坐	zuò	动	10
做	zuò	动	6

专有名词　固有名詞

百货大楼	Bǎihuò Dàlóu	10
北海公园	Běihǎi Gōngyuán	17
北京	Běijīng	9
北京大学	Běijīng Dàxué	5
北京饭店	Běijīng Fàndiàn	9
北京师范大学	Běijīng Shīfàn Dàxué	13
北京语言大学	Běijīng Yǔyán Dàxué	7
长城	Chángchéng	8
大卫	Dàwèi	1
东京	Dōngjīng	15

法国	Fǎguó	13
韩国	Hánguó	13
（可口）可乐	(Kěkǒu-) kělè	11
李	Lǐ	2
李成日	Lǐ Chéngrì	17
刘京	Liú Jīng	1
玛丽	Mǎlì	1
美国	Měiguó	4
清华大学	Qīnghuá Dàxué	9
人民剧场	Rénmín Jùchǎng	16

日本	Rìběn	13	小英	Xiǎoyīng	5
山下和子	Shānxià Hézǐ	5	学院路	Xuéyuàn Lù	9
上海	Shànghǎi	9	印度尼西亚	Yìndùníxīyà	13
天安门	Tiān'ānmén	10	英国	Yīngguó	13
王	Wáng	2	张	Zhāng	2
王府井	Wángfǔjǐng	10	张丽英	Zhāng Lìyīng	6
王兰	Wáng Lán	1	中国	Zhōngguó	13
王林	Wáng Lín	5			